AF352555

LA VÍA DE LA EXPERIENCIA
O LA SALIDA DEL LABERINTO

JUAN MANUEL BURGOS

LA VÍA DE LA EXPERIENCIA O LA SALIDA DEL LABERINTO

EDICIONES RIALP, S. A.
MADRID

© 2018 *by* Juan Manuel Burgos
© 2018 *by* EDICIONES RIALP, S.A.
   Colombia 63, 8º A - 28016 MADRID
   (www.rialp.com)

Preimpresión: produccioneditorial.com

ISBN: 978-84-321-5032-6
Depósito legal: M-30756-2018
Impreso: Anzos S.L.

No está permitida la reproducción total o parcial de este libro, ni su tratamiento informático, ni la transmisión de ninguna forma o por cualquier medio, ya sea electrónico, mecánico, por fotocopia, por registro u otros métodos, sin el permiso previo y por escrito de los titulares del *copyright*. Diríjase a CEDRO (Centro Español de Derechos Reprográficos, www.cedro.org) si necesita reproducir, fotocopiar o escanear algún fragmento de esta obra.

ÍNDICE

1.
CAMINOS EN UN MUNDO FRAGMENTADO: JOSEPH RATZINGER VS. JEAN-FRANÇOIS LYOTARD

LA POST-MODERNIDAD, ESTE DIFUSO movimiento que nos advierte con lucidez que nos encontramos en un cambio de época, pero que solo alcanza a definirse —al menos por ahora— de modo negativo, ha planteado con penetrante clarividencia una cuestión central: el problema de la verdad ante el ocaso de la racionalidad moderna. La Ilustración generó un proyecto fuerte de razón, con sus ilusiones y esperanzas, que impulsó durante siglos a la sociedad occidental. Se sabía qué era el hombre, en qué debía creer y qué debía esperar. Pero la desestructuración de la razón moderna, su debilitación, su auto-limitación, ha ido apagando poco a poco el mundo de las Luces y sumiendo a Occidente en una oscuridad en la que solo vemos tímidos destellos reflejados en los fragmentos de ese gran ideal resquebrajado. Fragmentación: esa parece ser la palabra clave en la epistemología posmoderna. Y, por tanto, razón débil, razón líquida, perspectivismo, relatividad de la verdad, micro-relatos y resignación. La orgullosa razón moderna reducida a una triste y humilde exploración del propio microcosmos con apenas esperanzas de alcanzar algo que puede aspirar al nombre solemne y antiguo de verdad.

¿Es esto todo lo que puede esperar el hombre de su mente en el siglo XXI o es posible encontrar aún senderos significativos en este mundo fragmentado? ¿Estamos condenados para siempre a la futilidad, a la superficialidad y al hundimiento en las Dunas de lo Efímero o existen posibilidades de descubrir un camino que nos saque del Laberinto de la Fragmentación y nos conduzca al Valle del Sentido, al menos de un cierto sentido, de una significación limitada pero consistente? ¿Hay salida de esta confusión en la que nos ha introducido, de manera paradójica, la lineal racionalidad moderna?

No cabe duda de que, si existe, este camino deberá ser nuevo. No parece factible que los caminos ya recorridos puedan conducirnos a la salida, pues son ellos los que nos han dirigido al Laberinto de la Fragmentación. Además, en la filosofía no hay vuelta atrás. Quien mira al pasado se convierte en estatua de sal. Las críticas nunca pueden ser anuladas, solo superadas. No queda otra, para salir del Laberinto, que encontrar una nueva vía que, consciente de todos los desajustes epistemológicos acontecidos hasta el momento, sea no solo capaz de identificarlos, algo relativamente fácil, sino de ofrecer una *alternativa*: un nuevo camino que recorrer y por el que avanzar dejando atrás el sendero que nunca se ha de volver a pisar. Este es el objetivo de este texto: presentar una nueva propuesta epistemológica, la experiencia integral, que se postula como una vía de salida de la fragmentación contemporánea, como un camino capaz de construir el sentido en un contexto de posmodernidad. Pero, antes de dar más pasos, hay que plantear el problema con mayor precisión y profundidad. Y, para ello, nada mejor que recurrir a dos análisis particularmente brillantes sobre la epistemología moderna y postmoderna, los realizados por Jean-François Lyotard y Joseph Ratzinger.

LA CONDICIÓN POSTMODERNA PARA JEAN-FRANÇOIS LYOTARD

Es conocido que *La condición post-moderna*[1], el famoso libro que Lyotard publicó en 1979, se ha convertido en uno de los iconos teóricos de la postmodernidad, en una especie de vademécum de esta corriente. Pero quizás es menos conocido que el origen de esta obra es un informe sobre la situación del saber que le fue solicitado por el *Conseil des Universitès* del gobierno de Quebec. De ahí el subtítulo de la obra: *Informe sobre el saber.* Y es que, en efecto, este es el tema del libro: una investigación sobre la situación del saber, la ciencia y el conocimiento a finales del siglo XX, momento en el que se toma nota, cada vez con más claridad, del ocaso del racionalismo moderno.

El análisis de Lyotard es realmente interesante. Trabajando en clave lingüística —una perspectiva sugerente pero que quizá ha perdido algo de peso en las décadas posteriores— distingue dos tipos de saberes fundamentales: el narrativo y el científico. El *saber narrativo* es la forma de conocimiento tradicional, antigua. Ha existido desde los comienzos de la humanidad, y posee la peculiaridad de

---

[1] J.-F. LYOTARD, *La condición posmoderna. Informe sobre el saber* (1979) (12.ª ed.), Cátedra, Madrid 2014.

proporcionar las *claves explicativas* de la existencia. Es el saber en el que se proponen las «formaciones positivas o negativas" (*Bildungs*), es decir, los *modelos* de referencia sociales. Y, para ello, necesita poseer una estructura compleja que admita una pluralidad de juegos del lenguaje. No es saber solo denotativo, como las ciencias, sino que admite muchas otras posibilidades: exhortación, mandato, normatividad, etc. Sucede, además, que los contenidos del saber narrativo se transmiten a través del mismo relato que, por eso, se auto-legitima; su justificación social no procede de ninguna institución exterior, sino de él mismo. Es, en definitiva, un saber performativo: la narración fundamenta la propia narración.

El segundo saber fundamental son las *ciencias*, con una capacidad enorme para incrementar el conocimiento pero que solo pueden jugar *un* único juego lingüístico, el denotativo: así son las cosas y así lo cuenta la ciencia. Por eso, su función social es limitada. El saber narrativo, por su capacidad de generar sentido, es capaz de construir un lazo social, un principio de comunidad. Pero esto no ocurre en el caso de las ciencias. No logran generar vínculos sociales, sino solo una profesión, la del científico, fruto del único juego lingüístico que son capaces de expresar: la denotación de lo existente. Y no hay autolegitimación. Al contrario, la legitimación es externa, establecida por una serie de reglas que hay enunciar, precisar y establecer: los requisitos del método científico.

El mundo contemporáneo ha apostado por la ciencia como saber paradigmático pero, para Lyotard, *ambos saberes tienen su misión y su valor.* No hay por qué rechazar uno u otro. Son como especies animales o vegetales diferentes: cada una posee sus propios rasgos, sin que la existencia de una tenga por qué implicar la inexistencia de otras o su

12

eliminación. La actitud más abierta e inteligente sería la de admirar la diversidad y disfrutar de ella y con ella. Sin embargo, no es esto lo que sucede. La convivencia entre los saberes resulta conflictiva, aunque de modo asimétrico. El saber narrativo, más complejo y plural, tiende a aceptar la diversidad. No critica la existencia del saber científico ni busca suplantarle. Puede admitirlo como compañero sin sentir que debilita o cuestiona su identidad. Pero el saber científico, por el contrario, tiende a la unicidad, a la tiranía epistemológica, a presentarse como *el único saber real*. Busca deslegitimar a la narración y reducirla a mitos y fábulas sin valor. Y genera así *la primera gran crítica a la posmodernidad*: ser la causante de la pérdida del sentido, «dolerse porque el saber ya no sea principalmente narrativo». Pero, para Lyotard, «se trata de una inconsecuencia"[2] porque el saber científico no sustituye —o no debería sustituir— al narrativo.

Hasta aquí, el análisis de Lyotard podría considerarse interesante, pero no original. Son tesis conocidas. Pero Lyotard añade algo muy importante. Lo peculiar de la posmodernidad, nos dice, no es la sustitución del saber narrativo por el científico. Lo propiamente peculiar *es la decadencia del macrorrelato*, es decir, del proceso (lingüístico) social configurador del Sentido o, si se prefiere, del Macrosentido. Así como el relato genera el lazo social, el Macrorelato configura la estructura social creando el Macrosentido: de dónde venimos, quiénes somos, qué deseamos, a dónde vamos. Pero ocurre que *el macrorelato ya no puede ser justificado.*

En la reciente historia europea, el saber narrativo emitió un macrorelato justificador de, al menos, dos proyectos

---

[2] J.-F. LYOTARD, *La condición posmoderna*, cit., p. 55.

muy diferentes. El relato especulativo del idealismo alemán, centralizado y gestionado por la Universidad, que proponía un Sujeto-Vida intelectual regido por un sistema especulativo unitario de comprensión de la realidad (con Hegel como principal filósofo de referencia). Y el relato de Emancipación política en el que la humanidad ilustrada racionalista aparecía como el héroe y sujeto de la conquista de la libertad. Estos dos proyectos han desempeñado un papel decisivo en la configuración sociopolítica y cultural de la Europa contemporánea, pero ambos han acabado por ser deslegitimados. El relato del Sistema-sujeto ha fracasado ahogado por las asfixiantes brumas idealistas. Y el relato emancipador ha perecido a manos de la ciencia denotativa —que aborta cualquier elaboración de sentido— y sus propias contradicciones. Son sucesos recientes, anota Lyotard, por lo que es probable que todavía sintamos tristeza por su desaparición y nostalgia ante la pérdida del saber unitario o el enmudecimiento de los cantos por la libertad. Pero esto no es nuevo. Siempre ha sucedido porque la historia no se detiene. Un macrorrelato deja paso a otro, como las olas en la orilla, inagotables y siempre diversas.

Pero algo extraño ha acontecido. El mar parece haberse convertido en un lago inerte. La desaparición de la última ola no ha traído consigo ninguna otra; si acaso, algún tenue movimiento en la superficie, sutil y despreciable. En otros términos, *la producción de macrorrelatos se ha detenido.*

La razón (moderna), ha entrado en crisis. El análisis crítico y la posterior demolición de un proyecto tras otro, ha acabado por minar la confianza en la capacidad *intrínseca* de la razón narrativa para construir Macrorrelatos. Y la razón (moderna) se ha detenido. Esos (macro) relatos, simplemente, ya no son factibles; es decir, no son *creíbles*, lo que los destruye en cuanto macrorelatos. «El gran relato ha perdido su credibilidad, sea cual sea el modo de unificación que se le haya asignado: relato especulativo, relato de emancipación»[3]. Su momento ha pasado. La razón no da para tanto. «El recurso a los grandes relatos está excluido»[4]. La razón debe ser consciente de sus limitaciones y contentarse con lo que está a su alcance: *los pequeños relatos o juegos del lenguaje*. Una situación que, frente a juicios apresurados o agoreros, no es necesariamente dramática o catastrófica, sino sensato pragmatismo. «La nostalgia del relato perdido ha desaparecido por sí misma para la mayoría de la gente. De lo que no se sigue que estén entregados a la barbarie. Lo que se lo impide es saber que la legitimación no puede venir de otra parte que de su práctica lingüística y de su interacción comunicacional. Ante cualquier otra creencia, la ciencia 'que se ríe para sus adentros' les ha enseñado la ruda sobriedad del realismo»[5].

El macrorelato, en definitiva, no solo ha sido desacreditado, sino que *no va a volver porque ya no es posible*. Cualquier nueva creencia o construcción global solo podría ser propuesta hoy por ingenuos o por soberbios, ambos igualmente ignorantes y estúpidos. Y sería demolida como las anteriores por lo que no vale la pena intentarlo. No tendría Sentido. Ahora bien, sostiene Lyotard, esto no elimina completamente el saber narrativo porque la narración y el sentido (limitado ahora, contenido) siguen siendo necesarios, incluso para legitimar a uno de los principales artífices de la deconstrucción, la ciencia, incapaz

---

[3] J.-F. LYOTARD, *La condición posmoderna*, cit., p. 55.
[4] *Ibid.*, p. 109.
[5] *Ibid*, p. 78.

de autolegitimarse y, por ello, carne de cañón para convertirse en mercancía al servicio del poder. Porque si la cuestión de la verdad se torna irrelevante, la ciencia será sustituida por un saber dónde la pregunta decisiva será: ¿para qué sirve?; y el único criterio de valor la eficiencia del sistema, la mejora de la relación input/ouptut.

Deslegitimado el saber racionalista, el saber constructor, ¿dónde fundaremos entonces las microlegitimidades? ¿Cómo daremos a la ciencia este sentido suprautilitarista? Esta es, sin duda, la parte más débil del análisis de Lyotard, que propone una fundamentación en la "paralogía", a saber, en una *nueva configuración de la ciencia de tipo no racionalista*. Asumiendo los avances en la concepción de la ciencia de Kuhn, Popper, Gödel y otros, Lyotard entiende que la ciencia contemporánea ya no puede ser determinista al estilo Laplaciano. La complejidad y la libertad posmoderna también ha invadido los saberes científicos por lo que estos ya no pueden pretender ser poseedores, como antaño, de un saber axiomático con capacidad de predicción del futuro. El determinismo, incluso a nivel científico, ha dejado el paso a la indeterminación (Heisenberg) y se ha probado que los sistemas autoconsistentes no existen ni siquiera en el mundo matemático (Gödel). Estas y otras paralogías contemporáneas, como la teoría de las catástrofes, constituyen el núcleo legitimador de la ciencia posmoderna y podrían ser también la base de la legitimación de los microrelatos.

Pero, ¿cómo saltar de la ciencia a la narrativa? ¿Cómo fundar el minirrelato o, todavía más difícil, el relato? ¿Cómo dar solidez al lazo social mínimo imprescindible para la estabilidad, especialmente si el Sentido como tal ya no existe o no es justificable? Habermas había propuesto la teoría del discurso consensuado (el *Diskurs*), aceptado, entre otros por Joseph Ratzinger. Pero a Lyotard, le parece «anticuado y sospechoso" y propone sustituirlo por «una política en la cual serán igualmente respetados el deseo de justicia y el de lo desconocido». Pero no hay más; aquí concluye la obra.

LA AMPLIACIÓN DE LA RAZÓN COMO RESPUESTA A LA (POST) MODERNIDAD EN JOSEPH RATZINGER

También Joseph Ratzinger, al igual que otros pensadores como Guardini o Vattimo, ha detectado el ocaso de la modernidad. Y su análisis, quizás de modo sorprendente, guarda importantes paralelismos con el de Lyotard. El problema fundamental que advierte Ratzinger es la absoluta prevalencia del saber científico en la tardo-modernidad, que le ha acabado confiriendo la condición de saber único; y a sus resultados el de únicas verdades. No es un hecho nuevo, ciertamente; podríamos remontarnos incluso a Descartes para identificar los primeros síntomas de esta mentalidad. Pero se ha ido agravando paulatinamente y, en los siglos XIX y XX (con la contribución de Comte y muchos otros), se ha convertido en verdad absoluta. El único saber válido, piensa nuestra sociedad, es el científico. Solo él nos proporciona la auténtica verdad, el auténtico conocimiento. Todo lo demás es *doxa* aristotélica, mera opinión, buena para las tertulias o las conversaciones entre amigos, pero poco más.

Pero, sin criticar ni oponerse al valor de la ciencia, Ratzinger entiende que este planteamiento tiene gravísimas consecuencias, incluso para la misma razón. La primera es *la imposibilidad de responder a la pregunta por el sentido.* «La ciencia, aunque es generosa, da sólo lo que puede dar.

El hombre no puede poner en la ciencia y en la tecnología una confianza tan radical e incondicional como para creer que el progreso de la ciencia y la tecnología puede explicarlo todo y satisfacer plenamente todas sus necesidades existenciales y espirituales. La ciencia no puede sustituir a la filosofía y a la revelación, dando una respuesta exhaustiva a las cuestiones fundamentales del hombre, como las que atañen al sentido de la vida y la muerte, a los valores últimos, y a la naturaleza del progreso mismo»[6]. La ciencia da solo lo que puede dar, que es mucho. Pero no puede proporcionar el sentido. Esta es misión de la filosofía y la teología (el saber narrativo en terminología de Lyotard), y, si se despoja a estos saberes de todo contenido de verdad, el sentido está perdido para siempre. Es un camino que lleva directamente al Laberinto de la Fragmentación y que tiene repercusiones negativas incluso para la razón y la ciencia. «Si el hombre ya no puede preguntar racionalmente acerca de las cosas esenciales de su vida, acerca de lo que debe y puede hacer, acerca de la vida y la muerte, debiendo dejar esos problemas decisivos a merced de un sentimiento separado de la razón, entonces el hombre no exalta la razón, sino que la deshonra. La consiguiente desintegración del hombre provoca por igual la patología de la religión y la patología de la ciencia»[7]. Roto el complejo equilibrio de fe, razón y ciencia (o de narratividad y ciencia), todos salen perjudicados, porque junto con el equilibrio se pierden los puntos de referencia, los jalones orientadores. Y ya sabemos dónde acaban los caminantes extraviados.

---

[6] BENEDICTO XVI, *Discurso a la Asamblea Plenaria de la Pontifica Academias de las* Ciencias, 6-11-2006.

[7] J. RATZINGER, *Fe, verdad, tolerancia*, Sígueme, Salamanca 2003, p. 139.

18

Más concretamente, la ruptura del equilibrio o el imperialismo de la razón científica causan, según Ratzinger, en primer lugar, la dilución del sentido que genera la fragmentación propia del mundo contemporáneo. Y, en un segundo momento, un empobrecimiento de la misma razón pues, al autolimitarse a indagar solo una parte de la realidad (la accesible a las ciencias), se automutila y deshonra, siendo infiel a su principio fundamental: la apertura al todo de lo real. «El alma es, de algún modo, todas las cosas».

Pero la cosa no queda aquí. Esta tendencia autodestructiva acaba afectando a la misma ciencia, tanto en su vertiente teórica como práctica. La cerrazón a lo real provoca en ella una mentalidad positivista que la ciega frente a aspectos que deberían ser estudiados e investigados y no lo son, como sucedió, por ejemplo, con el conductismo. Además, la falta de referencia a una verdad extracientífica, denuncia Ratzinger de modo prácticamente idéntico a Lyotard, puede acabar convirtiendo a la ciencia en una *esclava del poder* de turno, en un saber puramente instrumental. Conviene ser realistas. La investigación científica depende, en la práctica, del dinero y de los recursos, que son gestionados por el poder. Y si no hay criterios superiores al mero utilitarismo, será ese poder el que tenga la última palabra en la investigación (y probablemente también la primera). «Si, por una parte, ha pasado el período de injerencia derivada del totalitarismo político, ¿no es verdad, por otra, que con frecuencia hoy en el mundo el ejercicio de la razón y la investigación académica se ven obligados —de manera sutil y a veces no tan sutil— a ceder a las presiones de grupos de intereses ideológicos o al señuelo de objetivos utilitaristas a corto plazo o sólo pragmáticos? ¿Qué sucedería si nuestra cultura se tuviera que construir a sí misma sólo sobre temas de moda, con escasa referencia a una auténtica tradición intelectual histórica o sobre convicciones promovidas haciendo mucho ruido y que cuentan con una fuerte financiación?»[8]

Cantos ha resumido muy adecuadamente este conjunto de problemas hablando de un *triple reduccionismo*. «La reducción *de la capacidad de la razón* (reducción epistemológica), lleva a la *reducción de la riqueza de la realidad* (reducción metafísica) y ambas a la *reducción de la versatilidad de la ciencia* (reducción científica)»[9]. Al que habría que añadir una cuarta reducción o, mejor instrumentalización, que dejaría a las ciencias al servicio de las técnicas o de la tecnología, y convertiría a las universidades en máquinas expendedoras de títulos profesionales.

Pasemos ahora al terreno de las propuestas. ¿Cuáles son los caminos que Ratzinger apunta para resolver estos inquietantes problemas? Vimos en su momento que, frente a un análisis relativamente similar, Lyotard concluía decretando que la nostalgia por los macrorrelatos no podía ser superada y debía confluir en el relato –o, más bien, el microrrelato–, el único contexto competente para la creación de sentido en la posmodernidad. La Era del Macrorrelato ha concluido y, puesto que esa desaparición no nos ha conducido a la barbarie, el futuro previsible consiste en habitar un mundo fragmentado cuajado de pequeños islotes de sentido. Para Lyotard, en definitiva, el Laberinto no resulta tan desagradable.

---

[8] BENEDICTO XVI, *Discurso durante el Encuentro con el mundo Académico*, Praga, 27-9-2009.

[9] M. CANTOS / J. RATZINGER, *Razón abierta. La idea de universidad en J. Ratzinger/Benedicto XVI*, UFV-BAC, Madrid 2015, p. 59.

La posición de Ratzinger es completamente diferente y consiste en *apostar plenamente por la razón humana*. Esta es, de hecho, la tesis fundamental del famoso discurso de Ratisbona, de gran impacto mediático por las referencias a la religión musulmana, pero que, en realidad, no.tocaban el núcleo del discurso que se centraba en afirmar que el cristianismo solo es posible si emplea la razón y, por ello, tiene una deuda perenne con Grecia. De ahí la famosa y polémica referencia al diálogo del Emperador Manuel II Paleólogo con un persa culto sobre el cristianismo y el islam. «Dios no se complace con la sangre —afirma el Emperador; no actuar según la razón es contrario a la naturaleza de Dios». Más allá de la discusión sobre el islam, que aquí no interesa, lo que Benedicto XVI pretendía subrayar es que el cristianismo no es posible sin racionalidad, porque la Segunda Persona de la Trinidad es Logos, Palabra Significativa. «Por consiguiente, el pensar humano es post-pensar del ser mismo, post-pensar de la idea que es el ser mismo. El hombre puede pensar porque su propio *logos*, su propia razón, es *logos* del único *logos*, pensamiento del pensador originario, del espíritu creador que impregna el ser»[10]. De ahí su actitud negativa ante los intentos de des-helenización del cristianismo que, en su última versión, proponen desactivar la razón helénica por ser ajena a la tradición hebraica donde tuvo lugar la revelación. Pero para Joseph Ratzinger, esto no es deseable ni bueno; es más, ni siquiera sería posible porque iría contra la esencia del Logos que es quien ha fundado el cristianismo. La razón ha llegado al cristianismo para quedarse. Y lo mismo debería suceder con Occidente si sabe lo que le conviene.

---

[10] J. RATZINGER, *Introducción al cristianismo*, Sígueme, Salamanca 2005, p. 56.

Pero, *¿qué razón?* Esta es la gran pregunta. No desde luego la limitada razón positivista y cientificista contemporánea. Esta, en realidad, *ni siquiera es auténtica razón*, en la medida en que limita de forma inapropiada el natural acceso del hombre a la realidad. Pero tampoco una correcta razón científica es suficiente. Hay mucho más en la realidad que lo que esta racionalidad permite descubrir. Y es decisivo que el hombre sea capaz de captarlo porque, de otro modo, nunca accederemos al sentido ni a la verdad sobre lo profundo, sobre lo esencial, sobre lo último. Pero, si la razón creadora de sentido (el saber narrativo) ha sucumbido a la crítica de la modernidad —a la deconstrucción— quedando desacreditada, entonces la cuestión comienza a parecer irresoluble. ¿Existe algún tipo de razón narrativa capaz de responder a la (pos) modernidad?

Consciente de la complejidad del problema y de los sofisticados y tortuosos caminos que ha recorrido la epistemología occidental, Ratzinger no responde directamente sino que lanza un desafío, «una propuesta de investigación que, en mi opinión, puede suscitar interés (…) dentro del mundo académico y cultural. Esa propuesta, que ha sido objeto de vuestra reflexión durante el simposio, consiste en "ensanchar los horizontes de la racionalidad"»[11].

¿Qué significa esta expresión? Implica, ante todo, un *diagnóstico distinto* que el que ofrece la posmodernidad y, paralelamente, una actitud diferente. Ratzinger cree en el poder de la razón humana y, por eso, frente a sus crisis, dificultades y paradojas no acepta una cómoda resignación que prive al hombre de lo más importante que esta puede darle: el sentido. Reivindica, por el contrario, su

---

[11] BENEDICTO XVI, *Discurso al VI Simposio Europeo de Profesores Universitarios*, 7-6-2008.

22

capacidad y su poder. Y, por ello, propone resolver la crisis de la razón moderna no capitulando cómodamente en los brazos de una razón débil, de una multiplicidad de razones locales dependientes de minorías éticas, religiosas, sexuales o estéticas, sino ensanchando sus horizontes, abriéndose de nuevo al milagro de lo real. Este es el camino para recuperar una razón plena, ampliada, abierta —sin timideces ni sectarismos— a todo cuanto existe; una razón, por tanto, capacitada de nuevo para la configuración del sentido, con la energía suficiente para orientar nuevamente a Europa y liberarla del camino involutivo al que parece destinada.

Se trata, sin duda, de una propuesta audaz y atractiva; una valiosa indicación para seguir un camino. Pero Ratzinger solo indica la dirección, y es plenamente consciente de ello. «La propuesta de 'ensanchar los horizontes de la racionalidad' no debe incluirse simplemente entre las nuevas líneas del pensamiento teológico y filosófico, sino que debe entenderse como la petición de una *nueva apertura* a la realidad a la que está llamada la persona humana en su uni-totalidad, superando antiguos prejuicios y reduccionismos, para abrirse también así el camino a una verdadera comprensión de la modernidad»[12].

Esta propuesta, este reto, sin duda, debe ser atendido, porque está en juego —aunque sean palabras mayores— el futuro epistemológico de Occidente y todo lo que de ello depende. Nosotros lo hemos acogido y ofrecemos una propuesta concreta de razón abierta: *la experiencia integral,* un modelo cognoscitivo construido a partir de intuiciones de Karol Wojtyła, y que, a nuestro juicio, es capaz de

---

[12] Benedicto XVI, *Discurso al VI Simposio Europeo de Profesores Universitarios,* 7-6-2008.

superar, al menos *in nuce*, los grandes desafíos de la epistemología contemporánea[13].

Habrá tiempo para que el lector dictamine si esta afirmación, ciertamente osada, puede tener alguna viabilidad, pero antes de dar pasos hacia adelante debemos dar uno hacia atrás, complejo y tortuoso, pero imprescindible. Debemos realizar un análisis de los caminos que nos han llevado al Laberinto de la Fragmentación Epistemológica. No hemos llegado aquí por casualidad, por lo que tampoco el azar nos mostrará la salida. Nos han conducido a este lugar las complejas teorías epistemológicas que Occidente ha desarrollado a lo largo de los últimos siglos. Algunas han creado nuevas sendas, pero quizá hacia destinos confusos; otras han borrado antiguos caminos o movidos los hitos y señales. Y, al final, henos aquí, en el Laberinto. Y, si realmente queremos salir, tenemos que saber cómo y por qué hemos entrado, y cuáles son las trampas y enigmas que bloquean la salida.

---

[13] El detalle de esta propuesta, con abundante aparato técnico, se puede encontrar en J. M. BURGOS, *La experiencia integral. Un método para el personalismo*, Palabra, Madrid 2015. El lector puede remitirse a este texto para una exposición y justificación sistemática de muchas afirmaciones de este escrito.

2.
UNA MIRADA ATRÁS

Presentar algunos de los métodos epistemológicos más importantes de la historia de la filosofía como un camino hacia el Laberinto de la Fragmentación, puede parecer algo irreverente. Y con razón. El valor de esos modos de acceso a la realidad va mucho más allá de la presentación que haremos aquí al hilo de nuestro objetivo. Pero aun así han jugado un papel significativo en este camino hacia la posmodernidad y, por tanto, aunque su valor no se limite a su consecuencia epistemológica final, resulta central para nuestros intereses intentar comprender cuál ha sido su contribución en este tortuoso proceso. Solo así estaremos en condiciones de conocer con la solidez necesaria los problemas que debe solventar la nueva propuesta de racionalidad.

La gnoseología tradicional: realismo incompleto

Comenzando por orden cronológico tenemos en primer lugar lo que podemos denominar, no sin cierta ambigüedad, gnoseología tradicional o clásica, y que, de modo más preciso podemos identificar como epistemología aristotélico-tomista que se caracteriza, ante todo, por ser eminentemente realista. Uno de sus rasgos esenciales es su focalización en el objeto y, más en concreto, en el ente. Tomás de Aquino, por centrarnos en un solo autor, busca aprehender el mundo tal como lo encontramos frente a nosotros, con todo su esplendor fruto de una creación divina. Y, para ello, usa en buena medida los instrumentos diseñados por Aristóteles: los sentidos, el sentido común, la imaginación, la abstracción, el intelecto agente y el intelecto pasivo, el que de verdad conoce. Los sentidos son nuestro primer y principal contacto con la realidad, los que nos proporcionan "lo existente". En un segundo momento, el sentido común agrupa todas estas características y, con la ayuda de la imaginación forma el "phantasmata", esa especie de imagen todavía no intelectual que nos formamos de las cosas, como cuando, de algún modo, nos imaginamos no un perro concreto, sino un "perro en general". Pero, hasta aquí, todavía no hay comprensión, no hay intelección. Estamos en el mundo de lo material que, para Tomás, es in-inteligible, es decir, no accesible al intelecto[1]. Por eso es tan fundamental la intervención del intelecto agente que realiza el maravilloso proceso de la iluminación que conduce a la abstracción. El intelecto agente (pensado por Aristóteles de modo algo colectivo e individualizado por Tomás) tiene la capacidad de espiritualizar esos contenidos sensibles, eliminando (abs-trayendo) lo material y dejando presente solo lo inmaterial o intelectual. Cuando ese proceso ha terminado

---

[1] «El sentido es de lo singular, el intelecto de lo universal» (Tomás de Aquino, *S. Th.*, I, q. 85, a. 3).

tenemos como resultado un concepto abstracto, es decir, una esencia entendida, que, ahora sí, por su condición inmaterial y, por lo tanto, universal, puede ser conocida por el intelecto posible. Tenemos, finalmente, intelección; e intelección de la *esencia* de las cosas, es decir, de lo último y profundo, de aquello que realmente (además del acto de ser) da razón de la ultimidad de lo existente.

Este es el complejo proceso por el que Tomás de Aquino explica el conocimiento intelectual de la realidad o, en otros términos, cómo el hombre se hace con el mundo de manera humana, es decir, no simplemente constatando la existencia de cosas en su mundo significativo, sino llegando a *conocer lo que son*. El concepto, en este proceso, resulta clave, esencial, ya que *sin concepto no hay conocimiento propiamente humano, es decir, intelectual*. Y esto explica por qué la epistemología tomista va a estar tan atenta al concepto; porque cuantos más posea y con más rigor y precisión los defina, más progresará en el conocimiento de lo real.

Esta epistemología, que aquí presentamos de un modo muy simplificado, ha sido central —y lo sigue siendo— en toda la tradición realista; y, más en particular, en su vertiente más clásica. Por un lado, como decíamos, ofrece una sólida posición realista. El mundo no es un producto de la mente humana: está ahí, es algo dado, que se capta a través de los sentidos. Hay, pues, podríamos decir, incluso un punto empirista (de raíz aristotélica) en este planteamiento. Por otro, permite una comprensión radical y esencial de lo real. No se queda en la mera superficie de lo existente, sino que es capaz de alcanzar el núcleo inteligible, aquel centro —de difícil acceso, como el mismo Tomás reconocía— en que las cosas muestran lo que son de modo definitivo. Y así, de modo colateral, por expresarnos de algún modo, se logra también la objetivación de lo real. No se nos da tan solo un mero flujo de datos que se deslizan ante nuestros ojos en continuo cambio. Existe un núcleo central significativo, el concepto, que nos transmite la esencia de las cosas y que, por ello, es capaz de cortar el flujo heracliteano. No todo fluye, hay islas (o continentes) de sentido en medio del mar de lo existente. Y esas configuraciones de sentido nos vienen dadas por los conceptos.

Sin duda, encontramos aquí elementos decisivos que toda epistemología, a nuestro juicio, debería contemplar. La perspectiva realista, con su dosis de humildad parcialmente antagónica a la mentalidad moderna y contemporánea. Una estructura epistemológica compleja, reflejo de la complejidad de la mente humana. Y también la posibilidad de un acceso al qué esencial de las cosas, un rasgo central —probablemente no muy posmoderno— imprescindible para una posible recuperación del sentido. Sin captación de la esencia, de un modo o de otro, con mayor o menor precisión, el sentido nunca será accesible.

Pero también aparecen algunas dificultades. Apuntaremos dos. En primer lugar, Tomás parece haber realizado una *excesiva separación entre sentidos e inteligencia*, con consecuencias importantes. La primera de ellas es que *el contacto con la realidad se produce solo a través de los sentidos*. Esta afirmación puede parecer muy sensata, pero sus consecuencias resultan bastante más problemáticas de lo esperado. Implica, por ejemplo, que «nuestro intelecto no conoce lo singular»[2]. Pero, si la inteligencia es *solo* de lo universal, ¿puede conocer directamente la realidad, que es singular? Y, si no puede, ¿alcanza a conocer *en verdad*

---

[2] TOMÁS DE AQUINO, *S. Th.*, I, q. 14, a. 12, ad 1.

lo real?, es decir, ¿*conoce realmente*? Porque los universales, como sabemos, no existen. Solo existe lo individual, y lo individual no es accesible a la inteligencia.

A mi juicio, este es un problema de difícil solución dentro de la epistemología tomista que, quizá, podría explicar la tendencia abstraccionista presente tradicionalmente en esta filosofía[3]. Se podría objetar que el tomismo da mucho peso teórico a los sentidos, ya que todo el conocimiento pasa a través de ellos; pero se trata de un paso *preliminar que solo se consuma en el concepto donde se da el auténtico conocimiento*. Resulta natural entonces centrarse en su análisis y dejar de lado el dato experimental una vez que este ha cumplido su misión. Y esto es lo que parece haber ocurrido en parte del tomismo, con mayor o menor intensidad según los casos: una focalización en el concepto abstracto y en las reglas lógicas (silogísticas) que regulan los procesos argumentativos. Y lo que estamos intentando subrayar aquí es que este fenómeno no es *casual*, sino que responde a la lógica interna de su estructura epistemológica y antropológica: la separación intelecto-sentidos y el excesivo peso del concepto abstracto.

Esto nos conduce al segundo elemento que queremos mencionar: *la dificultad de la epistemología tomista para captar la subjetividad humana*, un problema agudamente percibido por Karol Wojtyła en sus estudios sobre la ética de Tomás de Aquino. «La concepción de la persona que encontramos en santo Tomás es objetivista. Casi da la

---

[3] Tomás de Aquino fue consciente del problema e ideó varios procesos para resolverlo: su teorización de la sindéresis (*S. Th.* I, q. 79, a. 12) y, sobre todo, la *conversio ad phantasmata*. Para quien esté interesado en estudiar a fondo estas cuestiones remitimos a la obra ya citada: J. M. Burgos, *La experiencia integral*.

impresión de que en ella no hay lugar para el análisis de la conciencia y de la autoconciencia como síntomas verdaderamente específicos de la persona-sujeto. Para santo Tomás, la persona es obviamente un sujeto, un sujeto particularísimo de la existencia y de la acción, ya que posee subsistencia en la naturaleza racional y es capaz de conciencia y de autoconciencia. En cambio, parece que no hay lugar en su visión objetivista de la realidad para el análisis de la conciencia y de la autoconciencia, de las que, sobre todo, se ocupan la filosofía y la psicología modernas»[4].

Se trata de un problema de gran magnitud porque el conocimiento debe ineluctablemente captar la subjetividad humana y transmitir ese "dato" a la antropología, porque *sin subjetividad, no hay persona*. Este es un punto que, en general, el medioevo no captó con toda su relevancia porque, a pesar de la herencia agustiniana, la integración de la subjetividad en la filosofía de modo sistemático y estructural solo se produjo a partir de Descartes (proceso que, por supuesto, no fue indoloro). Pero hoy, siglos después, no podemos dejar de ver esta carencia en la epistemología clásica. ¿Es posible captar el mundo interior del sujeto, o, en otros términos, la conciencia o el yo en la epistemología tomista? No parece sencillo porque la misión de la abstracción es eliminar todo lo individual (y material) para ofrecer al intelecto posible un contenido universal. Ahora bien, uno de los rasgos esenciales de la subjetividad es su individualidad. Cada hombre es único e irrepetible, un quién. ¿Habrá, entonces, que replantearse la validez de la abstracción, al menos en los términos en los que la plantea S. Tomás?

---

[4] K. WOJTYŁA, *El personalismo tomista,* en *Mi visión del hombre,* (6.ª ed.), Palabra, Madrid 2006, pp. 311-312.

La tendencia abstraccionista del tomismo se incrementó en los siglos posteriores, en el periodo de decadencia de la escolástica. Resulta comprensible, por tanto, que los aires renacentistas impulsaran una vuelta al dato concreto y experimental, movimiento al que contribuyó, por encima de todo, la estelar aparición de la ciencia de la mano de extraordinarios avances en astronomía. Copérnico, Kepler, Galileo, Newton son los héroes de un advenimiento epistemológico decisivo en la historia europea y de la humanidad. Es cierto que descubrimientos científicos se han producido en todas las épocas y culturas, pero la creación de un sistema científico capaz de acumular conocimiento de una manera progresiva y sistemática es algo que solo ha ocurrido en Europa, y en el que el cristianismo, generalmente denostado por su aversión a la ciencia, ha jugado, por el contrario, un papel decisivo como ha sabido mostrar Stanley L. Jaki. De este complejo y rico fenómeno nos interesan principalmente las consecuencias epistemológicas y, en particular, la relevancia dada a la experiencia, al saber experimental, con un paralelo (aunque progresivo) descrédito de las ciencias humanas y del saber no científico. Podemos distinguir dos tendencias: una dentro del saber en general y otra interna a la filosofía.

En el terreno del saber en general, encontramos, por un lado, el avance progresivo e imparable del saber científico que, considerado en sí mismo, solo puede ser valorado como una aportación maravillosa de Europa a la cultura universal. Del desconocimiento esencial acerca de casi todo lo que nos rodeaba, hemos pasado, siglo tras siglo, a un conocimiento preciso y detallado de lo cercano, de lo extremadamente lejano y de lo extremadamente pequeño. El mundo se ha agrandado años luz en el espacio y en el tiempo y vivimos, en sentido heideggeriano, en un mundo muy diferente del medieval, del renacentista e incluso del moderno. Pero no queremos hacer aquí una historia de la ciencia. Nuestro foco es epistemológico, y este avance prodigioso ha tenido una consecuencia negativa en el ámbito del saber: *la imposición progresiva del modelo de conocimiento científico como único modelo de saber válido*. Poco a poco, solo el conocimiento capaz de pasar por el tamiz del método científico empezó a considerarse válido. Y lo que quedaba fuera, como denunciaban Lyotard y Ratzinger, pasó a ser *doxa* aristotélica, es decir, opinión sin valor de certeza. Hay también otra derivación epistemológica igualmente importante pero menos conocida: *el intento de muchas filosofías posteriores de asimilarse a la ciencia* para alcanzar su grado de veracidad. Lo encontramos, quizá por primera vez en Descartes, con su afanosa búsqueda de ideas claras y distintas que evitaran la ambigüedad de la filosofía y su descrédito, y permitieran la construcción de una filosofía unívoca de carácter científico[5].

a) El agudo Hume

Los empiristas anglosajones siguieron esta tendencia, pero, haciendo honor a su mentalidad práctica y concreta, por *la vía única* de la *res extensa*. Solo existe lo observable

---

[5] Es muy esclarecedor —y poco conocido— que el título completo de su obra más famosa es *Discurso del método para dirigir bien la razón y buscar la verdad en las ciencias*.

y constatable, es decir, lo dado efectivamente en la experiencia. Como no constituyen una corriente única y homogénea, nos centraremos en Hume, tanto por su relevancia teórica como porque fue el punto de partida de Kant. Hume propuso un empirismo peculiar (y paradójico, como veremos) en el que el principio del saber lo proporcionan los datos que los sentidos aportan sobre la realidad, y a partir de los cuales se construye el saber e incluso las ciencias, en lo que coincide con Tomás de Aquino, buen aristotélico. Pero existen dos grandes diferencias entre ambos que conducen a resultados muy distantes. Para Hume, los datos que aportan los sentidos no tienen ninguna coherencia ni estabilidad, son conjuntos estocásticos de colores, luces o movimientos sin ninguna forma ni integración intrínseca. La forma final la produce la mente a través de procesos asociativos en los que agrega, siguiendo las reglas de la frecuencia, continuidad y cercanía, las diversas impresiones. Pero esta forma integrada no es más que una impresión más lucida y brillante: *no implica una comprensión profunda de la realidad*, de la cosa. Es tan solo un agregado práctico elaborado por la mente para manejarse en un mundo de fenómenos. Por tanto, y es la segunda diferencia fundamental con Tomás de Aquino (y Aristóteles), no hay captación de esencias. Y, si no las captamos, concluirá coherentemente Hume, no podemos saber si realmente existen.

Recordemos su famosa crítica a la causalidad: lo que se entiende habitualmente por causalidad es una ilusión, no existe[6]. No es más que un producto generado por la mente al asociar, aplicando la regla de la frecuencia, unos

---

[6] Cfr. D. HUME, *Investigación sobre el intelecto humano*, Ediciones Istmo, Madrid 2004, Secciones IV y ss.

procesos con otros. Si abro un grifo sale agua. Y si lo cierro deja de fluir. Y si repito la operación ocurre lo mismo. Basándose en estas repeticiones, la mente identifica la apertura del grifo con la salida del agua y —falsamente— establece una relación *causal*. Sale agua *porque* abro el grifo. Pero, dirá Hume, esto no se ha visto, no se ha detectado; no es ningún dato sensible. Por tanto, es una suposición. No puedo afirmar su existencia como afirmo la del agua, solo puedo constatar la habitual *conexión* entre esos dos procesos que, por muy fuerte que sea, podría quebrarse, porque no existe ninguna conexión *intrínseca* entre ambos fenómenos. En definitiva, la causalidad no existe. O no soy capaz de conocerla, lo que viene a ser lo mismo ya que esta imposibilidad la convierte en una mera suposición. El ejemplo, es, sin duda, contrario al sentido común, pero esto no era algo que preocupara a Hume mientras sus tesis no pudieran refutarse mediante argumentaciones consistentes.

Basándose en las mismas premisas epistemológicas, Hume procedió también a la desconexión del ser y el deber-ser: la denominada "falacia naturalista" o ley de Hume. «En todo sistema moral del que haya tenido noticia hasta ahora, explica en su *Treatise of Human Nature*, he podido siempre observar que el autor sigue durante un cierto tiempo el modo de hablar ordinario, estableciendo la existencia de Dios o realizando observaciones sobre los quehaceres humanos, y, de pronto, me encuentro con la sorpresa de que, en vez de las cópulas habituales de las proposiciones: es y no es, no veo ninguna proposición que no esté conectada con un debe o no debe. Este cambio es imperceptible, pero resulta, sin embargo, de la mayor importancia. En efecto, en cuanto que este debe o no debe expresa alguna nueva relación o afirmación, es necesario que esta sea observada y explicada y que al mismo tiempo se dé razón de algo que parece absolutamente inconcebible, a saber: cómo es posible que esta nueva relación se deduzca de otras totalmente diferentes»[7]. ¿Cómo construir el deber a partir del ser? Es la aguda cuestión que Hume plantea y que tiene una difícil, por no decir imposible respuesta a partir de sus premisas. Si lo único que capta la mente humana como dato primordial son agrupaciones de datos sensibles, es imposible sobre esa base fundar algo parecido al deber moral. Y así, de modo paradójico, como anunciábamos, la filosofía de Hume puede ser definida como un *empirismo escéptico*, puesto que, aunque se admite que todo el conocimiento procede de los sentidos, no existe modo de contrastar la verdad de los productos que la inteligencia elabora agrupando esos datos mediante procesos asociativos. En definitiva: no sabemos qué es lo que sabemos.

b) Kant, el constructor

Kant es un gran racionalista y un genio de la epistemología expresada en sus grandes *Críticas*. Pero, al mismo tiempo, es un epígono de Hume. Simplificando extremadamente podríamos decir que todo el edificio kantiano tiene dos pilares fundamentales: la concepción humeana de la experiencia y el *faktum* de la ciencia natural (de nuevo la ciencia). Kant podría haber criticado los fundamentos de la teoría humeana del conocimiento, pero no lo hizo, quizás por la admiración que sentía por él, lo que dice mucho de

---

[7] D. HUME, *Tratado de la naturaleza humana. Tomo III: De la moral*, Ediciones Orbis, Buenos Aires 1984, pp. 689-690.

Hume ya que Kant no era muy dado a los elogios. En cualquier caso, el hecho es que admitió su versión de la experiencia humana como un conjunto caótico y desestructurado de datos proporcionados por los sentidos. Y frente a este tipo de experiencia, se encontró con el dato de la ciencia que acababa de subir un nuevo peldaño en el escalafón del prestigio epistemológico gracias a las leyes de Newton: existían leyes universales capaces de explicar la realidad; este era el dato, nuevo e inamovible: el *faktum*, reforzado continuamente por los nuevos descubrimientos que se acumulaban uno tras otro. Ahora bien, si la experiencia es caótica e inarticulada, ¿cómo conjugar ambos elementos? Solo existía una solución, que *las leyes estuvieran en la mente humana* y que fueran ellas las que dieran forma a la sensibilidad mudable, efímera y fragmentada. Es el famoso giro copernicano de Kant que conduciría hacia el idealismo. La mente humana no conoce abriéndose a la realidad y captando las formas existentes, sino que es ella quien las crea.

«Toda nuestra intuición no es más que la representación del fenómeno; que las cosas que intuimos no son en sí mismas lo que intuimos en ellas, ni tampoco están constituidas sus relaciones en sí mismas como nos aparecen a nosotros; y que si suprimiéramos nuestro sujeto o aún sólo la constitución subjetiva de los sentidos en general, desaparecerían toda constitución, todas relaciones de los objetos en el espacio y en el tiempo mismos, y aún el espacio y el tiempo mismos que, como fenómenos, no pueden existir en sí mismos, sino sólo en nosotros. ¿Qué son los objetos en sí y separados de toda esa receptividad de nuestra sensibilidad? Esto permanece para nosotros enteramente desconocido. No conocemos más que nuestro modo de percibirlos, que nos es peculiar, y que no debe corresponder necesariamente a todo ser, si bien sí a todo hombre. Más de este tan sólo hemos de ocuparnos. El espacio y el tiempo son las formas puras de ese modo de percibir; la sensación, en general, es la materia. Aquellas podemos sólo conocerlas *a priori*, es decir, antes de toda percepción real y por eso se llaman intuiciones puras; la sensación, empero, es, en nuestro conocimiento, lo que hace que este sea llamado conocimiento *a posteriori*, es decir, intuición empírica. Aquellas formas penden de nuestra sensibilidad con absoluta necesidad, sean del modo que quieran nuestras sensaciones; estas pueden ser muy diferentes. Aunque pudiéramos elevar esa nuestra intuición al grado sumo de claridad, no por eso nos acercaríamos más a la constitución de los objetos en sí mismos. Pues, en todo caso, no haríamos más que conocer completamente nuestro modo de intuición, es decir, nuestra sensibilidad y aun esta siempre bajo las condiciones de espacio y tiempo, originariamente referidas al sujeto. Pero *jamás podremos conocer lo que son los objetos en sí, por luminoso que sea nuestro conocimiento del fenómeno, que es lo único que nos es dado»*[8].

El texto es largo, pero nos ha parecido que valía la pena reproducirlo por entero por su claridad. Todo nuestro conocimiento procede de una unión entre los datos de experiencia y las formas de nuestra mente. Dicho con terminología kantiana, «todo objeto está bajo las condiciones necesarias de la unidad sintética de lo múltiple de la intuición en una experiencia posible»[9]. Pero la cosa en sí (la esencia) nunca es ni puede ser objeto de experiencia

---

[8] I. KANT, *Crítica de la razón pura*, Porrúa, México 2008, pp. 59-60 (cursiva nuestra).

[9] *Ibid.*, p. 186.

posible. Nunca podemos acceder a ella a través de una sensibilidad constituida por puros fenómenos. Por tanto, de la cosa en sí no hay conocimiento. Y si, a pesar de todo, con impulso orgulloso e inconsciente, la mente se empeña en alcanzarlo, sucede lo que tan gráficamente describió en la introducción a la *Crítica de la razón pura*. La razón "comienza con principios, cuyo uso en el curso de la experiencia es inevitable y que al mismo tiempo se hallan suficientemente garantizado por esta. Con ello elévase (como lo lleva consigo su naturaleza) siempre más arriba, a condiciones más remotas. Pero pronto advierte que de ese modo su tarea ha de permanecer siempre inacabada porque las cuestiones nunca cesan; se ve pues obligada a refugiarse en principios que exceden todo posible uso de la experiencia y que, sin embargo, parecen tan libres de toda sospecha, que incluso la razón humana ordinaria está de acuerdo con ellos. Pero así se precipita en oscuridades y contradicciones; de donde puede colegir que en alguna parte se ocultan recónditos errores, sin poder empero descubrirlos, porque los principios de que usa, como se salen de los límites de toda experiencia, no reconocen ya piedra de toque alguno en la experiencia. El teatro de estas disputas sin término llámase *Metafísica*»[10].

Llegados a este punto, podemos quizá pensar, y con razón, que hemos avanzado ya bastante por el camino que nos conduce al Laberinto. El empirismo, en sus primeros vagidos, apareció como una solución razonable: la vuelta a la experiencia, al dato, ante la superproducción conceptual de la escolástica y el auge de las ciencias. Pero ese empirismo torció el gesto y se volvió empiricista. El dato que aportaba se fue limitando progresivamente hasta

---

[10] *Ibid.*, Prólogo, p. 5.

convertirse en un mero conjunto de fenómenos superficiales, inconexos y cambiantes. A Hume esto no le importó, pero a Kant sí, porque quería dar razón (entre otras cosas) de uno de los hechos más importantes de su época: la ciencia expresada en las ecuaciones de Newton. Y solo había una salida posible a este enigma si se aceptaba el punto de partida humeano, que la mente humana creara esas leyes. Pero la solución kantiana, que no era tal, confirmaba la fragmentación iniciada por Hume entre un mundo de fenómenos y una mente constructivista, y daba por perdida a la cosa en sí. Nos adentrábamos en un mundo fenoménico regido por la mente humana.

No todo eran oscuridades, ciertamente. También se abría paso el peso decisivo del *sujeto* en los procesos cognoscitivos. En la perspectiva clásica, el papel del sujeto es pasivo, una posición acorde con la prioridad del objeto. En Hume ya se apunta un mayor peso, tremendamente reforzado y desequilibrado en Kant pero, hasta cierto punto, verdadero. Las leyes de la realidad no están en nuestra mente por muchas y notables razones, entre otras porque resultaría muy difícil explicar el asombroso paralelismo entre nuestra mente y el mundo real, a no ser que sostuviéramos un idealismo feroz que, además, tendría que hacer las cuentas con la intersubjetividad. Pero ello no quita que nuestra mente intervenga activamente en los procesos cognoscitivos porque no somos espejos que reflejan la realidad como pulidas lápidas inertes. Somos seres humanos, con límites y preferencias, con prejuicios y cerrazones, con culturas y sensibilidades diversas. Y todo ello sin contar con la necesidad de la interpretación.

El personalismo siempre lo ha tenido claro: «Realidad, decía Julián Marías, es 'aquello que encuentro, tal como lo encuentro'. (Lo que) quiere decir, a su vez, que yo soy un ingrediente de la realidad, que es quimérico omitir el yo subrepticiamente cuando se habla de la realidad»[11]. Una idea, que, con una tonalidad más antropológica, también encontramos en Guardini: «La facultad cognoscitiva, señala, no es un ingenio mecánico, sino una potencia viva. Conocer no es equivalente a lo que ocurre cuando se carga una máquina fotográfica, que fotografía mecánicamente todo lo que se pone delante de la lente. Esto sucede con el pensamiento *abstracto*, con el pensar en general, del sujeto general, dirigido a un objeto general. Pero todo esto en realidad no existe; es un esquema vacío. Lo que existe es el pensamiento concreto de este hombre viviente dirigido a esta cosa precisa. Y esto es un acto concreto, vivo, que puede realizarse bien o mal y depende de presupuestos muy precisos el que se realice correctamente»[12]. Sin duda, cabe atribuir, al menos en parte a Kant, la toma de conciencia del papel del sujeto en el proceso cognoscitivo.

LA FENOMENOLOGÍA: ¿EL PALACIO DE LOS REFLEJOS?

Algún tiempo después la fenomenología recogió el testigo epistemológico de la modernidad, pero intentó algo nuevo: una marcha atrás de corte realista expresada en el famoso lema acuñado por Husserl: "A las cosas mismas". Se trataba de abandonar, o eso parecía, el mundo aparente generado por los avatares de la epistemología previa, y volver al mundo de lo real, de lo existente, de

---

[11] J. MARÍAS, *Antropología metafísica*, Alianza, Madrid 1987, p. 151. Para una visión general de esta corriente filosófica cfr. J. M. BURGOS, *Introducción al personalismo*, Palabra, Madrid 2013.

[12] R. GUARDINI, *Persona e libertà*, La Scuola, Brescia 1987, p. 95.

40

las cosas mismas. En palabras de Heidegger, «hacer ver desde sí mismo aquello que se muestra y hacerlo ver tal como se muestra desde sí mismo. Este es el sentido de la investigación formal que se autodenomina fenomenología. Pero de este modo no se expresa sino la máxima formulada más arriba: ¡A las cosas mismas!»[13]. Esta llamada, realizada desde el interior de la filosofía moderna, generó un enorme entusiasmo y dio lugar a la formación del denominado grupo de Gotinga, con nombres tan relevantes como Scheler, Edith Stein o Dietrich Von Hildebrand, que atisbaron en la propuesta husserliana la posibilidad de construir un nuevo realismo sin necesidad de volver a unos planteamientos filosóficos antiguos.

Pero, como es sabido, las cosas se torcieron. El maestro Husserl, paulatinamente, alumbró una deriva idealista que le condujo a la rotura con el grupo de Gotinga y dio lugar, finalmente, a dos tipos de fenomenología: la realista, que se reclamaba al primer Husserl; y la idealista o del segundo Husserl, basada en una interpretación estricta de la *epojé*, la famosa suspensión del juicio sobre la realidad de la existencia extramental. «*Ponemos fuera de juego la tesis general inherente a la esencia de la actitud natural*. Colocamos entre paréntesis todas y cada una de las cosas abarcadas en sentido óntico por esa tesis, así, pues, e*ste mundo natural entero*, que está constantemente 'para nosotros ahí delante', y que seguirá estándolo permanentemente, como 'realidad' de que tenemos conciencia, aunque nos dé por colocarlo entre paréntesis. Si así lo hago, como soy plenamente libre de hacerlo, *no por ello niego* 'este mundo', como si yo fuera un sofista, ni dudo de su existencia, como si yo fuera un escéptico, sino que practico la *epojé* 'fenomenológica'

---

[13] M. HEIDEGGER, *Ser y tiempo,* cit., p. 54.

que me cierra completamente todo juicio sobre existencias en el espacio y en el tiempo. (...) El mundo entero, puesto en la actitud natural, con que nos encontramos realmente en la experiencia, tomado plenamente 'libre de teorías', tal como se tiene real experiencia de él, como consta claramente en la concatenación de las experiencias, no vale para nosotros ahora nada; sin ponerlo a prueba, pero también sin discutirlo, debe quedar colocado entre paréntesis»[14].

Hay que agradecer a la fenomenología su delicada atención a lo real así como su sensibilidad para la subjetividad humana, elementos que, sin duda, han enriquecido la epistemología contemporánea. Pero situar el inicio epistemológico en la *epojé* es tan problemático que, a nuestro juicio, afecta negativamente a toda la reflexión posterior. Al *dudar del mundo exterior*, al poner entre paréntesis la realidad extramental, la fenomenología se sitúa automáticamente en un nivel intencional en el que —dejando de lado si las cosas realmente existen o no, lo que tampoco parece importar demasiado— lo que acaba contando exclusivamente son los *fenómenos que se dan a la conciencia.* Ahora bien, ¿tienen esos fenómenos algún tipo de existencia extramental o se dan *solo* en la mente humana?

Husserl insiste mucho, a diferencia de Kant, que esos fenómenos no son "creados" por la conciencia, sino que la mente los "recibe" a través de intuiciones. Se trata de una diferencia importante. Pero, si vamos al núcleo central, lo que tenemos es que la *fenomenología husserliana* no se sitúa en el nivel ontológico de lo existente, sino en un nivel intencional fenoménico. No habla de lo que las cosas *son*, sino de cómo la mente las *percibe*. Es cierto que esta

---

[14] E. HUSSERL, *Ideas relativas a una fenomenología pura y a una filosofía fenomenológica*, FCE, Madrid 1993 (tr. de J. Gaos), § 32, pp. 73-74.

percepción es, en cierto modo objetiva, ya que la mente no "genera" esos contenidos, sino que le son dados en la visión intuitiva. Pero esta solución, que podría parecer realista, se queda corta, porque al no afirmarse ninguna existencia extramental, *todo* acontece en la mente. En la práctica no se ha abandonado la perspectiva idealista; es más, puede incluso haberse agudizado ya que, para Kant, los datos empíricos eran extramentales.

Parece pues, que, en última instancia, la "vuelta a las cosas mismas" se disuelve como un azucarillo, puesto que esas "cosas mismas" solo están en la mente del sujeto, no tienen realidad ontológica. O, si la tienen, no es constatable por la razón fenomenológica que actúa solo en el nivel intencional. Cierto, hemos avanzado notablemente en el análisis de lo dado, de la estructura de la conciencia, de la temporalidad, etc. Pero seguimos situados en el nivel del fenómeno, de lo que aparece, no de lo que es. Y se trata de una posición insatisfactoria. Un paso más en el camino hacia el interior del Laberinto guiados por una indicación que reza: hay que conformarse con lo que aparece, porque el camino hacia la cosa en sí, el noúmeno, sigue siendo impracticable. Parece que, a fin de cuentas, la hermosa e impresionante construcción fenomenológica, especialmente la husserliana, estaría construida solo por apariencias, por destellos, por Reflejos. No sería, en realidad, un auténtico Palacio y solo cabría dar fiestas fenoménicas. Pero, ¿da igual beber champán fenoménico que auténtico champán?

Insisto en que nos referimos solo al Palacio husserliano porque la fenomenología realista rompió con Husserl justamente por abandonar la senda realista original, hecho que no debe ser infravalorado. Ahora bien, teniendo en cuenta que la fenomenología realista *es fenomenología* y, por lo tanto, comienza por la *epojé*, es decir, por la puesta entre paréntesis de la realidad, ¿podemos encontrar aquí elementos sólidos para salir del Laberinto? ¿O, por el contrario, vamos a estar siempre mediatizados por un punto de partida inadecuado? Sin desmerecer para nada las valiosas aportaciones de los fenomenólogos realistas, entiendo que esta influencia es difícilmente superable porque la fenomenología está obligada a partir siempre del fenómeno. Y, por eso, difícilmente puede proporcionar las bases adecuadas para la tarea que ha impuesto la posmodernidad: «Realizar el paso, tan necesario como urgente, del fenómeno al fundamento»[15]. ¿Cómo una teoría que se funda en el fenómeno puede ser capaz de fundar el fundamento?

---

[15] Cfr. JUAN PABLO II, *Enc.* Fides et ratio, n. 83.

3.
UN POSIBLE CAMINO: LA EXPERIENCIA INTEGRAL

HEMOS MIRADO AL PASADO CON EL OBJETIVO de precisar los retos de la nueva razón. Era necesario. Debemos ser conscientes de los problemas que esta debe abordar para no plantear soluciones simplistas que caerían desarboladas al menor embate crítico. Si hay que proponer una nueva razón para salir del Laberinto —lo que, sin duda, hay que hacer—, debe tratarse de una razón capaz de superar esos desafíos. Si no es así, no valdría la pena intentarlo. Estaríamos ante una tentativa fútil, un proyecto quizás bienintencionado pero inconsistente. Por otro lado, constatar la necesidad de «ensanchar los horizontes de la racionalidad» no resuelve el problema, aunque advierte de su existencia. Para superarlo hacen falta *modelos concretos de razón*, propuestas epistemológicas precisas que, siendo conscientes del peso del pasado, se sientan capaces de formular una alternativa.

No es una tarea fácil. El panorama epistemológico que hemos bosquejado se ha limitado a sobrevolar la historia de la filosofía del conocimiento en Europa. Apenas señala algunos hitos centrales de una ruta tremendamente larga y sinuosa. Encontrar un modelo de razón capaz de resolver todos los problemas quizá sea imposible; al menos por ahora. Pero la alternativa que se proponga debe ser capaz, al menos, de solventar los más fundamentales. No vamos a salir del Laberinto en un abrir y cerrar de ojos, como por arte de magia, después de haber dedicado siglos a perdernos en su interior. Pero el solo hecho de encontrar una *auténtica* posibilidad de salida sería realmente valioso. Ser capaces de afirmar: por aquí; veo un sendero. Y que las generaciones siguientes lo continúen. Esto es lo que vamos a intentar.

LAS INTUICIONES DE KAROL Wojtyła

Karol Wojtyła fue perfectamente consciente de los problemas epistemológicos que hemos apuntado. De hecho, algunos de los autores a los que dedicó más atención fueron Aristóteles, Tomás de Aquino, Hume, Kant y Max Scheler. Pero la mejor prueba de la relevancia que concedía a esta cuestión la tenemos en que su *opus magnus* filosófico, el ensayo antropológico *Persona y acción*, comienza con un discurso epistemológico. Por sorprendente que pueda parecer, esta obra, dedicada toda ella a la antropología, comienza con reflexiones de orden epistemológico en las que se propone una especie de nueva metodología o vía cognoscitiva: la experiencia.

 ¿Por qué sucede esto? La mejor manera de entenderlo es relatar el itinerario intelectual de Karol Wojtyła, que comenzó como poeta, estudiante de filología polaca y actor, y se tornó en aprendiz de filósofo por su decisión de ser sacerdote. Un aprendiz cuyo primer reto fue el tomismo. «Al principio fue el gran obstáculo. Mi formación literaria, centrada en las ciencias humanas, no me había preparado en absoluto para las tesis ni para las fórmulas escolásticas que me proponía el manual, de la primera a la última página. Tenía que abrirme camino a través de una espesa selva de conceptos, análisis y axiomas, sin poder identificar siquiera el terreno que pisaba. Al cabo de dos meses de desbrozar vegetación se hizo la luz y se me alcanzó el descubrimiento de las razones profundas de aquello que aún yo no había experimentado o intuido. Cuando aprobé el examen, dije al examinador que, a mi juicio, la nueva visión del mundo que había conquistado en aquel cuerpo a cuerpo con mi manual de metafísica era más preciosa que la nota obtenida. Y no exageraba. Aquello que la intuición y la sensibilidad me habían enseñado del mundo hasta entonces, había quedado sólidamente corroborado»[1]. Después de esfuerzos notables pero exitosos, el tomismo se hizo su hueco, y Wojtyła se convirtió en un sólido tomista que consolidó su formación con un doctorado en teología en el Angelicum de Roma dirigido por el eminente tomista Garrigou-Lagrange. Eso sí, sobre un poeta: san Juan de la Cruz.

Pero la vuelta a Polonia trajo consigo un suceso inesperado. En su trabajo de habilitación como profesor acabó embarcado en una investigación sobre la validez de la axiología de Max Scheler para la ética cristiana. Y su posición filosófica comenzó a rotar. Inicialmente llegó a la conclusión de que el sistema de Scheler, *en cuanto sistema*, no era válido para la ética cristiana, lo que no impedía

---

[1] A. FROSSARD, *No tengáis miedo*, Plaza & Janés, Barcelona, 1982, pp. 15-16.

que contuviera aportaciones muy interesantes. En particular, Wojtyła sostenía que el método fenomenológico podía ser empleado de modo instrumental por la metafísica tomista. Era un primer paso, ciertamente discreto, que señalaba una dirección nueva: la asimilación limitada pero real de elementos de una tradición filosófica distinta. Poco a poco, el giro intelectual se fue acentuando, sobre todo cuando Wojtyła detectó un problema clave en el tomismo: el objetivismo o, en otros términos, la ausencia de la subjetividad.

Wojtyła era consciente de que esta carencia no era achacable a Tomás de Aquino puesto que la atención sistemática de la filosofía a la subjetividad, con permiso de Agustín, se inicia con Descartes. Pero eso no eliminaba el problema, porque *la subjetividad existe*. Como diría años más tarde, quizás con cierta socarronería, «no se puede olvidar que la subjetividad del hombre-persona es también algo objetivo»[2]. Subjetividad no es subjetivismo. El subjetivismo es una teoría epistemológica relativista. La subjetividad es un *hecho* antropológico, una dimensión real de la persona humana. Los hombres tenemos un mundo interior, un yo, una conciencia y una autoconciencia, gracias a los cuales somos un *quién* singular, un *alguien* irrepetible. La filosofía tardó en detectar este hecho con la profundidad necesaria; pero, una vez que el paso se dio, no había marcha atrás posible. Ya no era de recibo una filosofía, especialmente una antropología, que no incluyera la subjetividad en su arquitectura conceptual. Quien no lo hiciera estaría condenado a diseñar una antropología incompleta y anticuada.

---

[2] K. WOJTYŁA, *La subjetividad y lo irreductible en el hombre*, en K. WOJTYŁA, *El hombre y su destino*, (4.ª ed.), Palabra, Madrid 2003, p. 29.

Ahora bien, ¿cuál era el camino adecuado para lograrlo? La dificultad era notable porque las dos vías principales que se habían transitado hasta el momento presentaban problemas insalvables. La gnoseología clásica, en la que se había forjado Wojtyła, generaba una fuerte posición realista, muy valiosa, pero en la que la subjetividad no tenía cabida. Y la otra gran corriente filosófica, el idealismo, presentaba el problema contrario. No solo partía de la subjetividad humana (posición no necesariamente negativa) sino que en muchas de sus variantes era estrictamente subjetivista al no admitir una existencia extramental objetiva. Ningún camino parecía completamente válido. Pero tampoco podían desecharse completamente ya que cada uno poseía una importante parte de verdad: el realismo, la plataforma ontológica; el idealismo, el mundo de la subjetividad. Por ello Wojtyła llegó a la conclusión de que la única manera de superar esta alternativa era mediante *algún tipo de fusión*. «Me atrevería a decir —afirma— que la experiencia del hombre con la característica escisión del aspecto interior y exterior se encuentra en la raíz de la división de esas dos potentes corrientes de pensamiento filosófico, la corriente objetiva y la subjetiva, la filosofía del ser y la filosofía de la conciencia". Por eso, «se debe generar la convicción de que, *en lugar de absolutizar cualquiera de los dos aspectos de la experiencia del hombre, es necesario buscar su recíproca interrelación*»[3].

Experiencia, esta es la palabra clave en la epistemología wojtyliana. La filosofía objetiva, la filosofía del ser, se ocupa del mundo exterior, de la experiencia *externa*, por así decir, si bien este término no es común en esta tradición.

---

[3] K. WOJTYŁA, *Persona y acción*, (3.ª ed.), Madrid 2017, p. 53 (cursiva nuestra).

Por el contrario, la filosofía de la subjetividad, de la conciencia, se ocupa solo de la experiencia *interna,* del mundo interior del sujeto, aunque, de nuevo, tampoco en esta tradición este concepto ha sido empleado con demasiada frecuencia. ¿Cómo unir estos dos mundos tan radicalmente separados? ¿Cómo tender un Puente Epistemológico a través de este abismo? ¿Un Puente sólido y amplio capaz de unir ambos mundos y no una mísera pasarela colgada sobre el vacío?

Wojtyła lo intentó y, a nuestro juicio, lo logró a través de *su peculiar concepción de la experiencia* que 1) incluye simultáneamente la dimensión objetiva y subjetiva y 2) se funda en un hecho de trascendencia decisiva: «La experiencia de cualquier cosa que se encuentre fuera del hombre siempre conlleva una cierta experiencia del propio hombre. Pues el hombre nunca experimenta nada externo a él sin que, de alguna manera, se experimente simultáneamente a sí mismo»[4]. El mundo objetivo y el mundo subjetivo son distintos pero, en la realidad de la experiencia humana, del contacto habitual del hombre con el mundo no se dan separados sino simultáneamente; es más, no existen de manera independiente. No existe ninguna constatación o vivencia de la realidad externa al hombre en la que él mismo no esté presente de un modo u otro. Y, al contrario, nadie puede tener una vivencia en la que no esté presente, al menos a través de la corporalidad en la que esa vivencia acontece, un resquicio de objetividad. El hombre no es ni un mero espejo acumulador de contenidos objetivos ni una conciencia pensante. Es una *persona* que al experimentar el mundo exterior se experimenta a sí misma. Este es el núcleo, el decisivo comienzo de la

---

[4] *Ibid.,* p. 31.

epistemología wojtyliana. Y, por eso, *debía ser también el comienzo de su antropología* ya que era el *único* modo de lograr que esta incluyera armónicamente la dimensión objetiva y la subjetiva.

Por eso, *Persona y acción*, un ensayo antropológico, comienza explicitando sus premisas epistemológicas. Wojtyła debía dejar claro desde el principio cuál era el camino que iba a seguir porque se trataba *de un camino nuevo y diferente a los seguidos hasta el momento*. Y el lector debía ser advertido. No se iba a seguir un camino "moderno" porque este conducía a una pura conciencia subjetiva. Pero tampoco se iba a seguir un camino clásico, porque conducía a un objetivismo sin sujeto. Se iba a recorrer un camino nuevo que, desde el principio, integraba la dimensión objetiva y subjetiva. El Puente entre ambos mundos no podía intentar construirse al final. Era ya demasiado tarde. Si se quería alcanzar una integración realmente sólida y eficaz, debía construirse desde el inicio.

DE LAS INTUICIONES WOJTYLIANAS
A LA EXPERIENCIA INTEGRAL

Karol Wojtyła no se limitó a apuntar un esquemático concepto de experiencia. Su propuesta contiene una visión articulada en torno a los conceptos de experiencia del yo y de experiencia del hombre. Distingue entre experimentar y comprender; explica que la comprensión comprende inducción y reducción; bosqueja una propuesta alternativa al concepto universal a través de su teoría de la inducción (o, al menos, así entiendo que debe ser interpretada); apunta la actuación colectiva e integrada del intelecto y los sentidos en los procesos cognoscitivos, etc.

Hay, por tanto, mucho. Ya hemos indicado que Wojtyła era muy consciente de los problemas que había que superar, por lo que su propuesta de abordar un nuevo camino no podía ser construida a partir de meras anotaciones sobre la experiencia. Hacía falta más, y esa información adicional la encontramos en el sustancioso capítulo introductorio de *Persona y acción*.

Pero también falta mucho. En realidad, lo que Wojtyła proporciona son indicaciones rápidas y breves (unas veinte páginas) que apuntan un camino, pero solo de modo esquemático, porque *su objetivo prioritario no era la gnoseología sino la antropología*. Lo que le apremiaba era indagar en el misterio de la persona a través de la acción, y a eso dedica su obra. Por eso, una vez encontrado el camino correcto, se centra en utilizarlo no en describirlo.

Quizás por eso ha pasado desapercibido durante tanto tiempo. Sin duda, los lectores de Wojtyła han detectado allí algo profundamente novedoso ligado al concepto de experiencia. Pero, en su inmensa mayoría, no se han detenido en este aspecto y, rápidamente, el interés se ha desplazado a su potentísima visión de la persona. Personalmente, siempre he pensado que allí existía una riqueza inmensa que debía ser explorada y aprovechada, lo cual solo era factible si se desarrollaba en profundidad. Porque, en cierta medida, Wojtyła se queda a medio camino. Sus intuiciones son lo suficientemente potentes para elaborar una nueva propuesta epistemológica, pero, al mismo tiempo, lo suficientemente indefinidas o incompletas para que esa propuesta no pueda formularse de un modo sólido, invalidando su empleo sistemático.

Wojtyła, por ejemplo, apenas menciona la abstracción —un proceso clave, como hemos visto, en la epistemología tomista— y parece proponer a la inducción como alternativa. Pero, ¿es esto realmente así y en qué medida? Por otra parte, ¿qué debemos entender exactamente por inducción? Tampoco encontramos más que meros apuntes acerca de la relación entre intelecto y sentidos. Carecemos de afirmaciones de cierto calado acerca de cómo su sistema se relaciona con Kant, Hume u otros filósofos cuyas epistemologías son decisivas en la historia del pensamiento de Occidente. Y no encontramos prácticamente nada sobre la epistemología de la ciencia o la filosofía.

Esta ambivalencia de debes y de haberes fundada en una intuición central, que nos parece decisiva, es la que nos ha llevado a elaborar un proyecto al que hemos denominado *método de la experiencia integral*. Con este método o vía cognoscitiva[5] hemos procurado avanzar todo lo a fondo que nos han permitido nuestras fuerzas en la vía gnoseológica intuida por Wojtyła, fortaleciendo sus análisis, eliminando carencias y aportando nuevos niveles epistemológicos. Una tarea que ha comenzado por el nombre. Wojtyła funda su epistemología en la experiencia; pero existen muchas concepciones de experiencia. Aristóteles, Hume, Kant, Husserl, Scheler o Zubiri, por poner ejemplos muy diversos, tienen cada uno la suya. Por tanto, indicar que la epistemología wojtyliana parte de la experiencia sería una afirmación filosóficamente ambigua por no decir equívoca.

De ahí el nombre de experiencia *integral*. Wojtyła funda su metodología en un tipo particular de experiencia o, más bien, en *una interpretación muy concreta* de la experiencia humana que se considera compuesta por una

---

[5] Sobre su validez como *método* y otros temas relacionados vid. J. SEIFERT – J. M. BURGOS, *Debate sobre la experiencia integral*, "Quién. Revista de filosofía personalista", 4 (2016), pp. 137-183.

dimensión subjetiva y objetiva integradas entre sí, y que se capta unitariamente por la inteligencia y los sentidos. Se trata de una perspectiva integral e integradora que difiere notablemente de otros modos de entenderla, como el empirista, que limita la experiencia a aquello que puede proporcionar una sensibilidad desestructurada por no contemplar la dimensión intelectual. Por ello, el término "experiencia integral" me parece una denominación muy adecuada.

Corresponderá al lector emitir su veredicto sobre esta propuesta una vez que hayamos expuesto sus rasgos fundamentales pero, a nuestro juicio, el método de la experiencia integral tiene presentes los retos principales de la gnoseología Occidental y propone una vía incoativamente capaz de superarlos. Por eso, podría servir para resolver el problema de la pérdida de sentido contemporáneo sin retornar a un pasado superado y que, para bien o para mal, no regresará.

4.
EXPERIMENTAR

La experiencia como actividad personal significativa

Los hombres entramos en contacto con la realidad, con el mundo que nos rodea y con nosotros mismos a través de la experiencia. Si camino por un bosque y percibo la belleza de los colores de las hojas otoñales, el olor de la tierra húmeda, el sonido de mis pasos y a mí mismo percibiendo, estoy experimentando. Si viajo a un país extranjero y descubro costumbres diversas, cielos desconocidos, estoy experimentado. Si empiezo mi primer trabajo, experimento. Descubro las rutinas del trabajo, el peso de plazos que no pueden posponerse, el placer de la realización de un trabajo real que se derrama en la sociedad, la complejidad de las relaciones interpersonales: amistades, celos, odios, presiones. Si formo una familia experimento infinidad de situaciones nueva. Y lo mismo si surge una nueva amistad, un nuevo amor.

Pero también experimento cuando acontece lo *cotidiano*, lo habitual, lo conocido. Experimentar (en el sentido de la experiencia integral) no implica necesariamente novedad, implica interacción y conciencia de ella. Cuando voy al trabajo cada mañana experimento todo lo que acontece, aunque no tenga el sesgo de la novedad sino más bien el de un automatismo rutinario: las mismas calles, las mismas tiendas, las mismas escaleras, el mismo vagón de metro, incluso, a veces, la misma gente. Experimentar, experienciar[1], por tanto, no es otra cosa que interaccionar conscientemente con la realidad en el nivel más primario, básico, originario y elemental que es, al mismo tiempo, el más rico y profundo. Aquel en *el que se da todo de manera existencial.*

Por eso, podríamos definir la *experiencia como actividad personal significativa. Actividad,* porque la experiencia es procesual; se da en la acción y a través de la acción; hecho, por otro lado, inevitable ya que existe una continuidad entre la persona y su acción. Mis acciones son yo mismo en acción; no hay separación absoluta entre el yo y sus acciones. Por eso experimento a través de mi actividad cuando miro, paseo, trabajo, río o amo. Todo se experimenta a través de la acción. Y toda acción es, en cierto sentido, experiencia, en la medida en que supone un incremento de mi caudal ontológico en una dimensión determinada: trabajo, diversión, sufrimiento o

---

[1] Usaremos el verbo "experienciar" cuando la expresión "experimentar" tenga la connotación de búsqueda de algo nuevo y distinto, lo que no siempre es el caso de la experiencia. Advertimos también que, en el contexto científico, "experimentar" es una parte del método científico que, en el marco de la presente teoría, forma parte de lo que denominamos "comprensión crítica" (vid., más adelante, sección 6.2).

alegría. Al acontecer, experimento lo que acontece, que pasa a formar parte de mi identidad.

Personal porque quién experimenta es la persona, *toda* la persona. Experimentar no es un proceso puramente cognoscitivo, es un proceso, acontecimiento o hecho personal. Por eso resulta tan central y tan rico. *Toda* la persona está involucrada en la experimentación: el cuerpo, los sentidos, las emociones, la inteligencia, el corazón. Es el hombre quién experimenta, no solo los sentidos, la conciencia o la inteligencia; y ni tan siquiera el yo. Experimenta el hombre, o más técnicamente, la persona y, al hacerlo, pone en juego todo lo que es. Por eso la experiencia tiene un carácter global o, más precisamente, integral. Y, por eso, nos afecta como sujetos; nos implica porque somos nosotros mismos interactuando con lo existente y, como consecuencia, evolucionando, cambiando, retrocediendo o progresando, madurando o envejeciendo. No es un juego; no es tampoco una actividad intelectual que el sujeto contempla desde la barrera de un yo protegido. Es su vida autoconsciente en acción aprehendida.

Este complejo proceso podrá, posteriormente, ser analizado, estudiado, dividido o desmontado, pero ya no será experiencia viva sino un conjunto de piezas inertes resultado de un trabajo analítico bien o mal realizado. Pero la fuente primaria, la fuente viva, la Fuente Originaria será siempre y solo la experiencia.

La experiencia también es significativa. La *dimensión significativa* de la acción, o la acción personal en cuanto significativa, es un rasgo que puede estar más o menos presente en nuestra actividad, pero que, en cualquier caso, no se identifica completamente con ella. Si viajo por primera vez a un nuevo país, la dimensión experiencial se acentúa porque lo nuevo, lo desconocido, lo inesperado se convierte en el foco de nuestra actividad; y un caudal nuevo de sensaciones, formas, relaciones, paisajes, olores, costumbres, rostros y miradas, etc. se incorpora a la persona. La significatividad se hace particularmente relevante y apremiante, visible. En un contexto diverso, por ejemplo, una relación entre amigos o el deporte habitual, la situación cambia. Continúo experimentado, pues, la experiencia, en parte, es el conocimiento y autoconciencia imprescindible para que mis acciones sean humanas y mías. Pero el foco está en otro lado: en la amistad, en la conversación, en la alegría o el dolor, en el esfuerzo. Estoy realizando una acción, experimentándola, viviéndola. Y soy consciente de ello. Estoy experienciando. No es el elemento primordial; pero está ahí porque la experiencia no puede dejar de estar presente en la medida en que mi acción sea humana, y, por lo tanto, autoconsciente y significativa, es decir, impregnada de un sentido que no es un producto intelectual sino la misma vida aprehendida.

La experiencia, en definitiva, podríamos describirla como la confrontación viviente y primaria con la existencia en su dimensión significativa. Vivo, y al vivir, me experimento a mí mismo y a la realidad como estructuras de sentido que conforman mi existencia.

LA ESTRUCTURA ANTROPOLÓGICA DE LA EXPERIENCIA

Karol Wojtyła ha sintetizado de modo brillante la estructura antropológica fundamental de la experiencia humana. «La experiencia de cualquier cosa que se encuentre fuera del hombre, afirma, siempre conlleva una cierta experiencia del propio hombre. Pues el hombre nunca experimenta nada externo a él sin que, de alguna manera, se experimente simultáneamente a sí mismo»[2]. La experiencia se nos presenta como una realidad unitaria en la que podemos distinguir, pero no separar, dos dimensiones: la experiencia interna o experiencia del yo y la experiencia externa.

La *experiencia interna* o *experiencia del yo* es la experiencia que cada ser humano tiene de sí mismo en cuanto sujeto irrepetible con un mundo interior propio. Yo experiencio, experimento, vivencio, tengo autoconsciencia —expresiones no equivalentes— de aquello que me acontece en cuanto sujeto, en cuanto *quién* específico y que, por ello mismo, es exclusivamente mío y, en su hondura más radical, incomunicable. Son vivencias incorporadas a mi estructura identitaria: lo que soy por aquello que viví, experimenté y se fusionó con lo que era previamente. Experiencias experimentadas en un modo único e irrepetible: mi relación con mi madre, mis esfuerzos por comprender, mis primeros éxitos, mis primeros fracasos, el mundo ante mí. Experiencias que continúan, diversas, pero igualmente irrepetibles e incomunicables. Wittgenstein diría de modo más prosaico que mi dolor de muelas es solo mío.

Y así es, efectivamente. No puedo transmitir esta vivencia en su *radical* originariedad, porque es la vivencia de un yo irrepetible que solo habita dentro de sí mismo. «Persona est sui iuris et altera incomunicabilis», decían los clásicos. Puedo transmitir segmentos, parcelas, fragmentos de mi experiencia personal pero desactivando su dimensión vivencial, es decir, objetivándola: "el" dolor de muelas, "el" éxito o "el" fracaso, "el" conocimiento. Pero "mi" dolor de muelas real seguirá siempre solo conmigo, y ni siquiera los más cercanos podrán compartirlo en su

---

[2] K. WOJTYŁA, *Persona y acción*, cit., p. 31.

dimensión más originaria. La experiencia, en ese sentido, es radicalmente solitaria. *«El hombre está "solo": esto quiere decir que él, a través de la propia humanidad*, a través de aquello que él es, queda al mismo tiempo constituido en *una única, exclusiva e irrepetible relación con Dios mismo»*[3]. Por eso, el otro, incluso el más cercano, es siempre un misterio: un "otro yo", tan insondable como yo mismo.

Pero no solo tengo experiencia de mí mismo, también tengo experiencia del mundo y de los otros hombres. Esta es *la experiencia externa*, la segunda dimensión de la experiencia, que no forma parte de mi subjetividad, al menos directamente. Experimento (experiencio) la belleza o la fealdad, la compañía de personas, sucesos y acontecimientos; experimento el saber y el conocimiento, la confrontación con los avatares de la vida; experimento, de un modo particular, que existen otros yo. Otros seres que parecen poseer una estructura similar a la mía, y, por tanto, una subjetividad similar, pero en la que no puedo penetrar más que de modo indirecto, a través de procesos empáticos. Y siempre, incluso en el caso de las personas más cercanas, de modo muy limitado. No hay acceso *directo* al otro yo. A ninguno. Nunca nos podremos poner, literalmente, en la piel del vecino. Eso es tarea de Dios.

A diferencia de la experiencia interna (del yo), esta dimensión es transmisible y comunicable. Con límites, por supuesto, pero puede ser compartida en lo esencial. Puedo transmitir mi experiencia de una tercera persona, de un suceso o de un problema. Y no tiene por qué haber problemas esenciales de comunicación. Podemos entendernos y lo sabemos: sobre un cambio de

---

[3] JUAN PABLO II, *Hombre y mujer lo creó,* Cristiandad, Madrid 2000, pp. 84-85.

gobierno, un acontecimiento deportivo, los problemas de un conocido. La dimensión cognoscitiva está presente, por supuesto, como no podía ser de otra forma si tratamos de la experiencia. Pero la experiencia, incluso la experiencia externa va más allá del conocimiento objetivado, porque no se trata *solo* de conocer, sino de experimentar. No es lo mismo ser informado de la existencia de una manifestación que participar en ella, tener noticia de un acontecimiento deportivo o vivirlo: el impacto experiencial *externo* no tiene parangón.

No se trata, sin embargo, de dos experiencias diferentes, la experiencia interna y la externa, sino *de dos dimensiones de la misma experiencia*. Ninguna puede existir de modo independiente. Somos, en palabras de Marías, "alguien corporal", y utilizando la subjetividad y la corporalidad como referencias simbólicas de la experiencia interna y externa —aunque no quepa una identificación estricta—, debemos constatar que ambas se dan de hecho y simultáneamente en la misma persona, en el mismo momento, en la misma acción. Lo recordamos, aun a riesgo de cansar al lector: «La experiencia de cualquier cosa que se encuentre fuera del hombre siempre conlleva una cierta experiencia del propio hombre. Pues el hombre nunca experimenta nada externo a él sin que, de alguna manera, se experimente simultáneamente a sí mismo»[4].

Dicho esto, es decir, descrita la configuración antropológica esencial de la experiencia, quedan todavía muchas cosas por aclarar. La primera concierne a la *unidad*. ¿Es posible afirmar, sin más, la unidad de una experiencia formada por dos aspectos tan distintos: interno-subjetivo y externo-objetivo? El asunto, ciertamente, no

---

[4] K. WOJTYŁA, *Persona y acción*, cit., p. 31.

es baladí. Wojtyła no lo afronta con detalle y se limita a constatar —apelando a esa misma experiencia— que la unidad *es un hecho*. Ningún hombre mentalmente sano percibe dos tipos de experiencia independientes que debe esforzarse por integrar. Lo que muestra un autoanálisis de nuestra experiencia, por el contrario, es un proceso o flujo único y unitario en el que podemos distinguir, pero no separar, los contenidos externos y su vivencia interior.

Un proceso unitario, pero no simple. Existen, por un lado, *diferentes tipos de experiencia*: estética, interpersonal, religiosa, afectiva, teorética, moral, etc., cada una con características propias, en cuanto muestran y activan en el sujeto una capacidad específica de percepción y de experienciación de algunos aspectos de la realidad. Existen personas con una gran sensibilidad estética que experimentan el mundo de lo bello (y de lo feo) con gran vivacidad, pero es posible que los problemas teóricos, la belleza de las grandes construcciones abstractas, les deje indiferentes. Y quienes perciben la magia de los números o de los conceptos quizás tengan dificultades para advertir la multitud de matices, situaciones e implicaciones del sutil mundo de las relaciones interpersonales. Bajo esta gran variedad de tipos de experiencia subyace la multiformidad y riqueza de la inteligencia humana, reducida con frecuencia a racionalidad calculadora e instrumental, a máquina ejecutora de procesos silogísticos o a Razón universal, común e indiferenciada, idéntica, por tanto, en todos los hombres. La riqueza de la experiencia integral evita, de raíz, este reduccionismo, y abre las puertas a una interpretación completa de la razón.

La experiencia humana también se muestra como sorprendentemente dis-continua, cortada por el patrón sueño-vigilia, otro de los muchos misterios con los que debemos enfrentarnos. La experiencia se activa y se desactiva, pero no se pierde, no se confunde, no olvida el punto en el que abandonó al sujeto o fue abandonada por él. Y, cuando vuelve a activarse retoma su posición última y continúa de nuevo su esencial trabajo identitario: arrojar materiales al Pozo de la Autoconciencia. Hasta que la desactivación sobrevenga de nuevo.

El misterio está ahí, y continuará estando. Pero entendemos que estas aproximaciones al fenómeno de la experiencia —sin perjuicio de posteriores y necesarios progresos— tienen un valor precioso porque identifican, de modo sumario, pero suficientemente preciso el adecuado punto de partida de una nueva vía epistemológica, que, con suerte, podría conducirnos fuera del Laberinto de la Fragmentación.

La estructura epistemológica de la experiencia

Desde el punto de vista epistemológico existen dos rasgos esenciales de la experiencia integral. El primero es una integración armónica de los aspectos objetivos y subjetivos del conocimiento. El segundo es la solución a la dialéctica entre inteligencia y los sentidos causada por una separación forzada y artificial entre ambas.

a) Objetividad y subjetividad: el Puente Epistemológico

El primer punto, la armonización y coordinación de las dimensiones objetivas y subjetivas del conocimiento es uno de los grandes quebraderos de cabeza de la epistemología occidental, una de las trampas más peligrosas del

Laberinto, que, en este caso, *confunde mostrando solo dos caminos*: el realismo objetivista y el subjetivismo relativista. Fue Descartes quien comenzó la construcción del segundo camino de esta disyunción, aunque su intención fuera muy diversa: luchar contra el escepticismo. Pero su método, que partía bienintencionadamente de la subjetividad, al basarse en una duda radical sobre la veracidad del mundo exterior produjo efectos desastrosos quebrando el Puente Epistemológico que nos une con la realidad. Y ocurre que, cuando se parte de estas premisas, el Puente, simplemente no puede ser reconstruido. Si dudamos *seriamente* de nuestra inteligencia, ¿cómo solventaremos nuestra duda? Porque no hay puertas traseras o senderos ocultos que nos conduzcan al reino de la verdad sin contar con nosotros mismos. O confiamos de modo radical en nuestra inteligencia —y radical no significa total— o el escepticismo está asegurado.

En la gnoseología tomista este problema no existe: el Puente es sólido y seguro. Como los viejos y entrañables puentes romanos que han resistido durante milenios. Pero es demasiado *estrecho*. No hay espacio para la subjetividad. Es cierto que Tomás comienza por los sentidos, pero los sentidos aristotélicos no sienten, sino que remiten a una vía abstractiva que conduce rápidamente al Reino de los conceptos universales, del que ya no se va a descender más que esporádicamente, porque es el lugar de la comprensión. Si la inteligencia es de lo universal, ¿para qué retornar a lo singular? El intelecto tendría que dedicarse a analizar objetos materiales, individuales y oscuros que, por otra parte, escapan a su poder y a su luz. Mejor, entonces, mantenerse en el Reino de lo Abstracto, de las categorías aristotélicas, procurando entenderlas con la mayor profundidad posible, para que después arrojen su poderosa luz sobre lo individual. Esta tendencia, de todos modos, no debe llevarnos a engaño. No encontraremos aquí ningún desprecio de lo individual. Al contrario, Tomás, como buen aristotélico, era perfectamente consciente de que lo real es individual; que las esencias solo existen individualizadas y el universal se da en la razón. Pero, por cierto que esto sea, también lo es que *solo* los sentidos conocen lo individual. Por tanto, la inteligencia, lo quiera o no, está limitada al Reino de lo universal, y solo, de un modo complejo y tortuoso, a través de la *conversio ad phantasmata*, puede acercarse a lo existente[5].

Ahora bien, sucede que *lo subjetivo, por su propia naturaleza, es individual*, concreto, singular, ya que refleja y constituye el *quién* único que somos cada uno de nosotros. ¿Cómo acceder entonces a la subjetividad singular desde el concepto universal? No solo parece difícil; lo es. Es más, probablemente resulta imposible a menos que se cambien algunas piezas clave de la teoría cognoscitiva, y, en particular, la abstracción deje de ser la única vía de conocimiento intelectual. Si esto sucediera cabría abrir una vía desde la gnoseología tomista hacia la subjetividad. O, quizá sería más apropiado decir, desde el nuevo realismo resultante, puesto que no parece muy sencillo hablar de una gnoseología tomista que no contemple la abstracción como pieza epistemológica imprescindible.

En cualquier caso, este es el dilema epistemológico, de enorme trascendencia intelectual, con el que se encontró

---

[5] Ambas tendencias —hacia lo individual y hacia lo universal— encuentran su eco en textos de santo Tomás, pero no son fáciles de conciliar. «La mente, afirma Tomás de Aquino, por accidente se entremezcla con las cosas singulares, en cuanto se continúa a las potencias sensitivas, que versan sobre las cosas singulares» (*De verit.*, q. 10, a. 5, c). Pero también afirma que «el intelecto no conoce el singular» (*S. Th.*, I, q. 14, a. 12, ad 1).

el siglo XX: o conciencia subjetivista o realismo objetivista. Pues bien, la experiencia integral, a nuestro juicio, consigue superar este dilema proponiendo un contacto significativo con la realidad que es, al mismo tiempo y simultáneamente, objetivo y subjetivo. El acto de experiencia, la actividad experiencial, es interior y exterior, es decir, *epistemológicamente objetiva y subjetiva*. La experiencia interior muestra y expresa nuestra peculiar y exclusiva vivencia del mundo, que, de puro subjetiva, ni siquiera es radicalmente transmisible. La experiencia externa, al contrario, es objetiva por su propia naturaleza, es decir, independiente del sujeto, y, por ello, transmisible y contrastable. Así como solo yo soy testigo de mi interioridad, quienes me rodean comparten mi exterioridad. Pueden identificarme y distinguirme, y saben quién soy porque mi corporalidad es objetiva y constatable.

La experiencia integral unifica esos dos rasgos en un mismo acontecimiento significativo, y lo hace de manera indisoluble, estructural. Mi experiencia, insistimos, es, simultáneamente, objetiva y subjetiva. Y, por eso, cuando la analice, la explore o la estabilice, si no elimino parte de su contenido (como hace la abstracción), dispondré *siempre* de esas dos facetas de la realidad. La experiencia integral, es, por tanto, un Puente ampliado, un viaducto de dos carriles por el que pueden circular la objetividad y la subjetividad. Es, en otros términos, un realismo completo e integral, que, ahora sí, hace justicia a la riqueza de lo existente.

b) Inteligencia y sentidos: la ampliación del Puente

La ampliación del Puente Epistemológico no es sencilla. Requiere una potente obra de ingeniería. Requiere, en concreto, *cambiar el modelo de conocimiento y superar la disociación sentidos-intelecto* presente en buena parte de la tradición epistemológica occidental: Tomás de Aquino, los empiristas, Kant.

Comencemos por Tomás de Aquino. Como es sabido, sostiene que el conocimiento comienza *solo* por los sentidos para, posteriormente, bajo la influencia del intelecto agente, producir un concepto universal inteligible. Esta tesis parece bastante sensata y sólida pero, ¿realmente lo es? Quizás no tanto como parezca. En realidad, si se observa con atención, no solo es posible advertir alguna fisura, sino quizás una grieta profunda e insuperable. Veamos. Si el conocimiento comienza *solo* por los sentidos, parece inevitable concluir que conoce *sólo* realidades sensibles. ¿Cómo es posible entonces que el intelecto agente, a través de la abstracción, encuentre contenidos *intelectuales* para el intelecto pasivo?, ¿De dónde pueden haber salido? No, desde luego, de los sentidos, que no pueden aportar más de lo que son. Por tanto, o bien los crea —lo que nos sitúa en una posición idealista— o bien debemos admitir con Agustín que ya estaban ahí: «Las ciencias no entran en la memoria por ministerio de los sentidos, sino que *salen* de otro seno más profundo de ella»[6]. Pero, ¿cómo pueden estar ahí si el conocimiento comienza *solo* por los sentidos? ¿Se trataría de ideas innatas?

Ante estos hechos, la respuesta del empirismo parece más coherente desde un punto de vista *lógico*. El conocimiento comienza por los sentidos y, por lo tanto, es *solo* conocimiento sensible. ¿Qué otra cosa podría ser? Y así, las ideas, para Hume, no son más que impresiones más vivaces que las sensibles; agrupaciones y asociaciones de

---

[6] S. Agustín, *Las confesiones*, libro X, cap. X.

impactos sensoriales de acuerdo con las leyes de la semejanza, la continuidad y la frecuencia. Pero Kant advertirá: las leyes de la ciencia existen *de hecho*. Están ahí, son universales y poseen la extraña capacidad de explicar el mundo material. No pueden, por tanto, ser un mero resultado de la agregación de fenómenos particularmente frecuentes o contiguos. La única posible solución a este enigma es que esas leyes estén *ya* en mi mente, que se trate de unas categorías *a priori* que den forma a la realidad. Pero, ¿es realmente mi mente la que configura la estructura de lo real? Y, si es así, ¿por qué extraño sortilegio el mundo existente se adapta a mis formas mentales? ¿Quizás, entonces, lo que acontece en realidad es que no existe ese mundo extramental y todo sucede dentro de mi mente? ¿Y qué ocurre entonces con las otras mentes, los otros-yo? ¿Crean sus mundos paralelos? Y, ¿cómo es que coinciden con los contenidos del mío?

El problema continuará con Husserl pero podemos detenernos aquí puesto que hemos alcanzado nuestro objetivo: mostrar que la separación sentidos-intelecto conduce a aporías irresolubles. Esta es una de las principales trampas del Laberinto, uno de los Enigmas que deben ser resueltos si queremos derrotar a la Esfinge y poder continuar nuestro camino. Y existe un único modo de hacerlo: *modificar el punto de partida*. No hay otra solución posible. Cualquier propuesta epistemológica que asuma esa separación, fracasará. Y con razón, porque *no refleja adecuadamente la unidad de la persona* y de la experiencia. El camino adecuado transcurre por otro sitio y solo es posible recorrerlo si se acepta que sentidos e inteligencia no trabajan de forma disociada e independiente; o, formulándolo de modo positivo, si se asume que *el conocimiento comienza por los sentidos y por la inteligencia en un proceso simultáneo e integral*. «No se puede aceptar, explica Wojtyła asumiendo esta solución, que, cuando se aprehende este hecho (el hombre actúa), la experiencia se limite a la pura "superficie" —a un conjunto de rasgos sensibles que son en cada ocasión únicos e irrepetibles—, y que el entendimiento, por así decir, espera estos contenidos para "hacer" con ellos su propio objeto, al que denomina "acción" o "persona y acción". Parece más bien que *el entendimiento interviene ya en la propia experiencia*, y gracias a ella establece una relación con el objeto; relación que, también es directa, aunque de manera diversa»[7].

Y esto es así porque quien conoce, quien experimenta, es *la persona*. No cabe "personificar" las potencias o facultades cognoscitivas. No conocen "los" sentidos ni "la" inteligencia, *conoce el yo, la persona*; y lo hace, en cuanto sujeto único y unitario, involucrando todas sus características personales y, en particular, *todas* sus potencialidades cognoscitivas. La experiencia y el conocimiento humano son gestálticos, globales. «No se puede separar artificialmente esta experiencia del conjunto de los actos cognoscitivos que tienen al hombre como objeto. Tampoco se la puede separar artificialmente del factor intelectual. El conjunto de los actos cognoscitivos dirigidos hacia el hombre, tanto a ese hombre que soy yo mismo, como a cualquier hombre distinto de mí, tiene a la vez carácter empírico e intelectual. Cada uno de estos dos aspectos está en el otro, interaccionan entre sí y cooperan mutuamente»[8].

Este es el segundo rasgo epistemológico central de la experiencia integral: *la integración del intelecto y la sensibilidad en un solo acto cognoscitivo responsable de la dimensión*

---

[7] K. WOJTYŁA, *Persona y acción*, cit., p. 40 (cursiva mía).
[8] *Ibid.*, p. 37.

significativa de la experiencia. En las acciones significativas, en la experiencia, en los procesos cognoscitivos primarios están siempre presentes los sentidos *y* la inteligencia, como corresponde a la actividad integrada de un sujeto único. Y cuando se parte de este punto, las aporías que habíamos detectado a causa de la disociación entre intelecto y sensibilidad, se disuelven. El realismo tomista puede ser reconducido a través de la ampliación del Puente. El empirismo (filosófico) debe ser respetado por su interés por lo existente, pero sin que eso impida constatar que tiene una visión reducida del conocimiento. Y la "solución" kantiana ya no resulta necesaria.

Evidentemente, queda mucho por explicar y justificar. No hemos obtenido el bálsamo de Fierabrás. O quizás sí. Personalmente, me parece irrefutable que la propuesta de unificación inicial de intelectos y sentidos, resuelve, desde la raíz, muchos problemas que, de otro modo, resultan irresolubles. Pero hay que dar más explicaciones. Algunas de ellas se propondrán a continuación. Otras, como el modo específico en que se conectan inteligencia y sentidos, el modo en que «cada uno de estos dos aspectos está en el otro, interaccionan entre sí y cooperan mutuamente», está por establecer. Por eso el camino de la filosofía continúa.

5.
COMPRENDER

UNA VEZ ESTABLECIDO QUE LA EXPERIENCIA, entendida como experiencia integral, es el inicio adecuado del camino epistemológico, queda todavía un largo camino por recorrer. Estamos solo al comienzo. Nos hemos limitado a indicar el punto de partida, si bien, en cierto modo, hemos hecho lo más importante: acertar con la senda adecuada, evitando la admonición agustiniana: corres bien, pero fuera del camino. Ahora toca continuar hasta pergeñar un diseño más completo y global.

El siguiente paso propuesto por Wojtyła en *Persona y acción* es la *comprensión*, un concepto clave que nos conduce desde la experiencia al conocimiento entendido de un modo más tradicional. ¿Por qué resulta necesario? Porque *la experiencia, como Fuente Originaria, mana continuamente*, sin detenerse nunca, y, por ello, es difícil de aprehender y de fijar, de comunicar, de transmitir. La experiencia es mutable, cambiante, pues es un proceso vital. Un paseo por el bosque, o por el centro de una ciudad, por mucho que se parezca a otros paseos similares será siempre distinto: el tiempo cambia, los sentimientos cambian, los paseantes cambian, todo cambia. El mundo siempre está en movimiento, y la experiencia se mueve con él.

El cambio proporciona la energía de lo vivo, pero también hace falta fijeza y contención: saber a qué atenernos, delimitar los contornos de lo existente y nuestros propios contornos, advertir los núcleos de sentido y fijarlos para poder explorarlos, analizarlos, interpretarlos y establecer relaciones intersubjetivas sobre el significado. No podemos indagar el mundo en solitario, necesitamos de los demás y ellos nos necesitan a nosotros. Y esta empresa colectiva solo es posible fijando la experiencia en contenidos relativamente estables e intersubjetivos, es decir, objetivando la experiencia en formulaciones cognoscitivas explícitas.

Comprender, en definitiva, significa transformar la experiencia vital en conocimiento explícito; y, por tanto, analizable, interpretable, expresable y transmisible.

LA INDUCCIÓN: EN BUSCA DE LA UNIDAD DE SIGNIFICADO

El primer paso en el proceso de comprensión consiste en la estabilización o consolidación del sentido. La experiencia, en cuanto Fuente Originaria, tiene la riqueza y movilidad de lo vivo, pero, para comprender en profundidad, necesitamos fijar los significados. De otro modo, siempre mentaríamos realidades distintas, y cualquier tipo de profundización cognoscitiva o de comunicación sería sumamente costosa, por no decir imposible. Si queremos progresar en nuestro conocimiento, necesitamos,

72

de modo insoslayable, pasar de cada uno de los árboles que el bosque me ofrece a "el árbol", y de cada uno de los hombres que contemplo en mi recorrido por la ciudad, a "el hombre" o "la mujer". De otro modo, cada persona permanecería aislada en su experiencia personal, tan profunda y rica como incomunicable.

La necesidad de este paso es evidente y cualquier epistemología tiene que hacer las cuentas con él. De otro modo, ni siquiera podría expresar su propia visión. Objetivar, estabilizar, conceptualizar, generalizar o universalizar es absolutamente necesario. Pero hay que hacerlo correctamente. De otro modo, el camino podría truncarse apenas comenzado, y pensando que nos dirigimos hacia la salida estaríamos volviendo sobre nuestros pasos al centro del Laberinto. ¿Cuál es el método adecuado de fijación del sentido? O, quizás más correctamente, ¿cómo, de hecho, fijamos el sentido?

La cuestión, indudablemente, es de gran complejidad. Y una teoría gnoseológica podría dedicar a este único punto todas sus energías. Pero, para los objetivos de este texto, nos puede bastar con algunas indicaciones certeras que delineen los pasos fundamentales a través de los cuales este sorprendente fenómeno acontece. Y, al juicio de Wojtyła —y al nuestro—, tiene lugar a través de la *estabilización y consolidación* del sentido. Veamos en qué consiste y, para ello, realicemos un paseo por el bosque de sabor orteguiano y heideggeriano.

Observo entidades de corte y forma similar, compuestos de un tronco largo y con miríadas de apéndices en su parte superior, ligeros y frágiles. Observo también que están arraigados a la tierra, inmóviles y estáticos pero vivos; vestidos con colorido variable pero siempre dentro de un rango cromático limitado: ocres, verdes, amarillos. Los veo una y otra vez, y los distingo, los separo; no son la misma realidad, cada uno de ellos es distinto, diferente, independiente. Pero los rasgos son comunes, parecidos, constantes. Y, finalmente, *comprendo*: se trata de un tipo de ser viviente con unas características peculiares que se repiten una y otra vez, de modo incontable, en el bosque por el que paseo: *es un árbol*. He fijado el sentido, lo he objetivado y explicitado. He comenzado a comprender. Ahora, cuando pasee por el bosque seré consciente de que las hermosas entidades que se despliegan ante mí son *un tipo de ser particular*: árboles. Y podré decir, este *árbol* es grande o pequeño o seco o viejo porque *sé* de lo que estoy hablando. Se trata de árboles.

¿Qué es lo que ha sucedido? Explicar en verdad *todo* lo que ha sucedido está fuera del alcance —si no me equivoco— de cualquier epistemología y, de hecho, la mayor parte de ellas, si no todas, se limitan *a indicar que acontece*, que el hombre es capaz de ello. Pero quizás podemos —incluso debemos— intentar indicar al menos algunos rasgos característicos de este proceso, para lo que utilizaremos un largo texto de Wojtyła en el que comenta con cierto detalle cómo se alcanza la unidad de significado para un ejemplo diferente del que nosotros hemos utilizado, la acción humana, o, con su terminología, para la experiencia sobre el hecho "el hombre actúa".

«Es tarea de la inducción el captar, a partir de esta multiplicidad y complejidad de hechos, su sustancial identidad cualitativa (es decir, lo que hemos definido anteriormente como estabilización del objeto de la experiencia). Al menos, así parece ser que entiende Aristóteles la función inductiva del entendimiento. De él se diferencian los modernos positivistas, por ejemplo J. S. Mill, que conciben la inducción como una forma de argumentación, mientras que para Aristóteles no es ni una forma de argumentación ni de

74

razonamiento; es la captación intelectual de la unidad de significado en la multiplicidad y complejidad de los fenómenos. Conectando con los anteriores comentarios sobre la experiencia del hombre, podemos decir que la inducción conduce la experiencia del hombre a la simplicidad que constatamos en ella a pesar de toda su complejidad.

Cuando la experiencia del hombre toma la forma de captación de la persona a través de la acción, esa captación resume en sí toda la simplicidad de esa experiencia, y es expresión de la misma. Y así pues ahora, desde la perspectiva de la aprehensión de la persona, hemos pasado de una multiplicidad de casos a su identidad cualitativa; es decir, a la constatación de que en cada uno de los casos "el hombre actúa" se encuentra una relación "persona-acción" del "mismo tipo", que el mismo tipo de persona se manifiesta a través de la acción. Identidad cualitativa que equivale a una identidad de significado. Alcanzar esta unidad es obra de la inducción; pues la experiencia en sí misma nos deja una multiplicidad de casos. Sin embargo, en la experiencia permanece toda la riqueza de los hechos en su diversidad constituida por individuos particulares, mientras que el entendimiento capta en todos ellos la unidad de su significado. Para captar esta unidad el intelecto se deja dominar en cierto modo por la experiencia; pero, a la vez, sin dejar de comprender su riqueza y su diversidad (como se atribuye a veces erróneamente a la abstracción). Así por ejemplo, cuando el entendimiento capta la persona y la acción a partir de la experiencia del hombre, a partir de los hechos del tipo "el hombre actúa", permanece abierto en esta comprensión esencial a toda la riqueza y variedad de los datos de experiencia»[1].

---

[1] K. WOJTYŁA, *Persona y acción*, cit., pp. 47-48.

Analicemos con detalle este denso y rico texto.

1. *La inducción.* Wojtyła considera que es tarea de la inducción, de tipo aristotélico y no empirista, alcanzar la unidad de significado. En realidad, no es nada fácil saber qué es lo que entendía exactamente Aristóteles por inducción, pues los textos al respecto son pocos y fragmentarios. Y también hay ambigüedades en la posición empirista. Pero esto, en realidad, no interesa ahora. Lo que interesa es comprender que la unidad de sentido se alcanza a través de un proceso cognoscitivo que consiste en captar, a partir de la multiplicidad y complejidad de determinados hechos, su *sustancial identidad cualitativa.* Y a este proceso le llamamos inducción.

2. *La inducción consolida y fija una unidad de significado*; descubre las unidades de sentido que se presentan en los procesos de experiencia, y así simplifica la misma experiencia, dándole dirección y coherencia. La persona puede estructurar su experiencia gracias a esas unidades de significado. Paseo por un bosque donde encuentro árboles, plantas, flores, con suerte algún animal, etc.

3. *Las unidades de significado tienen un contenido sensible-intelectual.* Las unidades de significado son el resultado de un proceso de "consolidación", o "estabilización" de los contenidos de experiencia. Pero la consolidación no se alcanza por eliminación de alguna de sus partes (como sucede en la abstracción). Lo que se busca es fijar el núcleo central que se repite, la *identidad cualitativa* que es identidad de significado y *contiene elementos sensibles e intelectuales fundidos en el hecho que experimento.* En mi paseo no observo colores, movimientos, formas y olores desestructurados, descoordinados. Muy al contrario, entro en contacto

experimental con entidades determinadas, estructuradas y ya formadas, con características similares, que puedo, posteriormente, identificar como árboles, plantas o animales. Y esa identificación no se produce por pura repetición de elementos, por generalización, o por razonamiento, sino por comprensión, por intelección. Entiendo —cómo lo hago es otra cuestión— que este tipo de entidades son "árboles". Y, para hacerlo, puedo necesitar contemplar mil árboles o simplemente uno, porque el núcleo de la inducción no consiste en la repetición, sino en la capacidad de mi intelecto de comprender ante qué o ante quién me encuentro[2].

4. *Las unidades de significado tienen un contenido objetivo-subjetivo*. Como la inducción no procede principalmente por eliminación de contenidos, aunque debe dejar de considerar los rasgos estrictamente individuales, sigue manteniendo la dimensión subjetiva y objetiva presente en la experiencia. Ya lo hemos advertido, el sujeto no puede ser expulsado de los procesos de conocimiento. Y es el sujeto el que generaliza, consolida o estabiliza "sus" experiencias. Por tanto, la dimensión subjetiva, en mayor o menor grado, sigue presente. Y, por eso, las unidades de significado elaboradas por personas diferentes nunca serán exactamente idénticas. La identidad será mayor si la inducción opera sobre cosas (relativamente) simples como árboles, y menor en acontecimientos en los que el sujeto esté implicado.

---

[2] Popper considera que «no existe nada que pueda llamarse inducción. Por tanto, será lógicamente inadmisible la inferencia de teorías a partir de enunciados singulares» (K. POPPER, *La lógica de la investigación científica* (2.ª ed.), Tecnos, Madrid 2008, p. 49). Con esta notable afirmación crea un grandioso problema no solo a la ciencia sino al conocimiento en general.

5. *Las unidades de significado permanecen abiertas a la variedad y riqueza de los datos de la experiencia.* Las unidades de significado, al ser una generalización, consolidación o estabilización de la experiencia, permanecen abiertas a ella, cercanas. No son un tipo de saber *radicalmente* distinto. Son una consolidación del saber originario implícito en la experiencia. No son experiencia, en sentido estricto, pues entonces serían fluidas y cambiantes; pero tampoco se trata de un saber abstracto y separado que, una vez constituido, nunca más necesita el contacto con la Fuente Originaria. Las unidades de sentido siempre remiten a la experiencia como matriz configuradora de su validez epistemológica y como fuente absoluta del conocimiento. Por eso, permanecen abiertas a la variedad y riqueza de los datos de la experiencia, tanto en su configuración estructural, puesto que no han sido constituidas eliminando lo sensible, como por la atracción que cualquier ser tiene por la fuente de la que se alimenta[3].

INDAGAR, EXPLORAR

Esta atracción es la que conduce a la segunda dimensión de la comprensión: la indagación o exploración. La inducción simplifica y estructura la experiencia, como hemos visto, pero también puede azuzar a la mente gracias a los esquemas de comprensión e interpretación que

---

[3] Por todo lo dicho, queda claro que las unidades de significado no se corresponden, en sentido estricto y técnico, con el concepto abstracto y universal *aunque ambos pretendan el mismo objetivo*: estructurar el conocimiento y superar la variabilidad de la experiencia (de los sentidos en el caso del tomismo).

proporciona. En nuestro paseo por el bosque habíamos encontrado un tipo particular de seres, con unos rasgos comunes, a los que habíamos identificado como árboles. Este dato reduce la complejidad de nuestra variada experiencia al identificar una constancia entre la multiformidad. Pero también nos puede lanzar hacia adelante, en busca de la complejidad perdida, dependiendo de nuestro interés y de nuestra curiosidad.

Porque estos entes-árboles no son exactamente iguales. Puedo, si presto atención, encontrar patrones diferentes dentro de una misma identidad cualitativa. Algunos de ellos poseen un tronco relativamente liso y despoblado de ramas, y, en lo alto, hojas que son como agujas están presentes en todas las estaciones, con frío y con calor, y se agrupan en una especie de copa. Otros entes-árboles, sin embargo, son mucho más frondosos, el tronco es más grueso y las hojas son amplias y abiertas, pero mueren en invierno después de asombrar con su color. Y observo también otras entidades solo en parte similares: semejantes en la forma general, pero muy distintos en el tamaño. Apenas se alzan un metro o como mucho dos sobre la tierra muda, mientras que los árboles siempre se elevan majestuosos sobre mi cabeza. ¿Son también árboles? ¿Vale para ellos mi unidad de significado alcanzada previamente o debo elaborar una distinta? ¿Significa eso que mi unidad de significado-árbol no era lo suficientemente precisa y debo revisarla, ajustarla y afinarla?

Wojtyła denomina a este proceso reducción o "explotación", un término de resonancias fenomenológicas, con el que pretende indicar que hay que sacar todo el fruto posible de la experiencia. Probablemente sea más adecuado el de "indagación" o "exploración". El término reducción es confuso porque parece indicar que el objetivo de este proceso es limitar el sentido cuando se trata justamente de lo contrario, y porque sus resonancias fenomenológicas pueden sugerir que estamos usando el método fenomenológico, lo que no es el caso. Y el término "explotación" sugiere connotaciones negativas muy alejadas del fenómeno que estamos estudiando, aparte de que su uso epistemológico resulta forzado. En cualquier caso, y más allá de cuestiones sobre palabras, importantes pero secundarias, lo esencial es advertir que la indagación es un retorno a la experiencia desde la inducción para ampliar, precisar y mejorar los contenidos de la comprensión.

Podemos, pues, considerar que la comprensión está constituida por dos procesos que se autoalimentan en un movimiento circular. A través de la inducción, estructuramos, fijamos y simplificamos la experiencia mediante la generación de unidades de significado que nos permiten comprenderla con mayor profundidad. Pero conocimiento llama a conocimiento. Y la estructuración de la experiencia, al mismo tiempo que simplifica, muestra su riqueza y complejidad, solicitando una nueva exploración para contrastar datos, incrementar la experiencia, investigar la posible existencia de nuevas unidades de significado, etc. Y, cuando esto está logrado, en todo o en parte, el proceso se repite. Las nuevas exploraciones generan nuevas inducciones y así sucesivamente. Pero siempre con una primacía de la experiencia.

Es importante precisar este punto porque, de su correcta comprensión, se deriva que nuestro camino hacia el exterior del Laberinto pueda continuar. En una de sus densas y ricas frases, indica Wojtyła que «la reducción, y no solo la inducción, es inmanente respecto a la experiencia, sin dejar por ello de ser también trascendente respecto a ella, aunque de modo diverso a como lo es la inducción. En general, la comprensión es a la vez inmanente y trascendente respecto a la experiencia del hombre. No porque la experiencia sea un acto y un proceso de los sentidos, mientras que la comprensión y la explicación lo sean del intelecto, sino en función del carácter esencial de uno y de otro. Una cosa es experimentar y otra distinta "comprender" o "explicar"»[4].

Dos puntos, a nuestro juicio, son esenciales aquí. El primero, que la comprensión es inmanente y, a la vez, trascendente a la experiencia. Esta paradójica expresión tiene un sentido muy concreto, aunque pueda resultar complejo precisar los detalles estructurales. Significa que *la comprensión es distinta de la experiencia, pero no radicalmente distinta.* No estamos ante un escalón intelectual *independiente.* Se trata tan solo de un modo diverso de enfrentarse a la significatividad que nos traslada la experiencia. Esta lo hace de modo vital, existencial, continuo, mientras que la comprensión elabora, fija, explica y aclara esa significatividad mediante sus dos procesos básicos, la inducción y la exploración. Pero no produce, en última instancia, más que experiencia elaborada o reelaborada. La Fuente Originaria tiene siempre la última palabra.

Esta explicación resulta epistemológicamente plausible porque, y es nuestro segundo punto, estamos siempre, insistimos, *ante el mismo tipo básico de conocimiento*: el que la persona, en cuanto persona, tiene de la realidad a la que se enfrenta. Ambos procesos no se distinguen «porque la experiencia sea un acto y un proceso de los sentidos, mientras que la comprensión y la explicación lo sean del intelecto, sino en función del carácter esencial

---

81

4 K. WOJTYŁA, *Persona y acción*, cit., 51.

de uno y de otro». En ambos intervienen los sentidos y la inteligencia.

En definitiva: la experiencia wojtyliana, la experiencia integral, es un proceso cognoscitivo en el que interviene toda la persona (y, en particular, la sensibilidad y el intelecto). Solo así puede ser la Fuente Originaria, el manantial único del conocimiento, y tener la prioridad en la determinación del significado. Y lo mismo ocurre, como no podía ser de otro modo, en la comprensión. También aquí interviene la persona entera con todas sus capacidades cognoscitivas. Pero lo hace en un segundo momento y trabajando sobre lo que la experiencia le ha proporcionado. Por esto su papel es segundo y secundario. Podemos concluir, por tanto, que nos encontramos ante un empirismo muy radical, pero un *empirismo integral*, no un empirismo reduccionista sensible, al estilo de los empiristas ingleses. Un empirismo cuyo nombre más apropiado es el de realismo, en línea con Aristóteles, Agustín, Tomás y muchos otros. La filosofía trata de lo que existe, objetivo y subjetivo, sensible e intelectual. Y lo que existe, con todos esos rasgos, se nos da en la experiencia, única fuente de conocimiento a la que siempre hemos de retornar. Es, por tanto, el criterio primero y el último, el alfa y la omega de la epistemología: la Fuente Originaria.

INTERPRETAR

La comprensión requiere de la interpretación, es decir, de la aclaración de lo dado en la experiencia y de lo fijado a través de la inducción y la exploración, porque el mundo es enigmático y nuestra comprensión limitada. La experiencia —y la correlativa comprensión— nunca se muestra como un libro abierto. Hay siempre ambivalencias y oscuridades, carencias de sentido, contextualización insuficiente, un futuro desconocido en el que actuar, por lo que el hombre se ve obligado siempre, pero especialmente en los sucesos más complejos, a ir más allá, a elegir, valorar o ponderar; acciones que, por otra parte, cada ser humano realiza de modo propio y único, de acuerdo con las características de su yo singular, responsable y autor del proceso cognoscitivo.

La interpretación, por tanto, *siempre está presente*, pero admite grados y se intensifica paralelamente a la complejidad de la experiencia. Es parca o contenida en las experiencias más básicas o primarias y en sus relativas estabilizaciones. Pero, a pesar de todo, está ahí, incluso en un paseo por el bosque, pues quien pasea no es la Razón Universal, sino un ser humano arraigado en el espacio y el tiempo. Para un hombre del siglo XXI, caminar por un bosque constituirá, normalmente, una oportunidad de relajación limitada a un tiempo breve y concreto: un momento de descanso en un contexto ajeno al entorno habitual, urbano y digital. Pero el campesino del siglo X que se adentraba por el bosque paseaba o, quizás mejor, caminaba, por una de sus fuentes de supervivencia, agradable a veces, hostil otras, donde debía encontrar parte de sus medios de sustentación, lo que eliminaba cualquier tentación de sucumbir a sutilezas ecológicas, desconocidas por otra parte. Heideggerianamente hablando, los caminantes pasean por bosques distintos, por más que estuvieran localizados exactamente en el mismo lugar.

Si subimos por la escala de la complejidad, la interpretación se acrecienta. Tomemos el ejemplo analizado por Karol Wojtyła: la acción humana. ¿Es posible una comprensión de esta acción que no implique una cierta

interpretación? Evidentemente no. Hay que interpretar; y
con más intensidad que en el ejemplo previo. En el análisis de la acción humana hay tal cantidad de elementos
implicados que debo necesariamente tomar partido para
poder llegar a un resultado mínimamente inteligible y
concluyente, comenzando por una respuesta a la pregunta. ¿Qué, o mejor, *quién* es el hombre?[5]. ¿Es libre? ¿Es responsable? ¿Cuál es su nivel de inteligencia? ¿Tiene algún
sentido su existencia? ¿Muere para siempre? Las respuestas a estas preguntas estarán incluidas, de modo más o
menos directo, pero inevitable, en mi análisis de la acción
humana; y los resultados dependerán de las respuestas
que previamente haya dado.

Por ello existen tantas antropologías. Una por cada
gran corriente filosófica; y cada una con su interpretación
del hombre y, quizá, de la acción. Para cada una, su interpretación es real y, probablemente, sofisticada. Arrai-
gada en lecturas, costumbres, culturas, conversaciones,
reflexiones personales y tradiciones. Pero, en definitiva,
una vez todo sumado e integrado, cada una conduce a una
específica y peculiar visión del hombre o de la acción:
tomista o escotista, empirista o kantiana, fenomenológica
o personalista. Parafraseando a Wojtyła, diríamos que "la
interpretación es objetiva": una parte real, necesaria e imprescindible del conocimiento humano. Pretender elimi-
narla o desconocerla es una falta de realismo; y asumirla
no es un signo de pragmatismo conciliador o de irenismo
decadente, sino de realismo epistemológico.

El objetivismo, en general, (y algunos realismos ingenuos) han solido tener problemas con la interpretación

---

[5] Cfr. J. M. BURGOS (ed.), *El giro personalista: del qué al quién*, Mounier,
Salamanca 2011.

por entender que generaría un viciado círculo hermenéutico sin principio ni fin: una interpretación que conduce a otra interpretación, y esta, a su vez a otra, sin que sea posible ninguna afirmación sólida, absoluta: una Casa de los Espejos en la que toda imagen sería siempre un reflejo de otra imagen que, a su vez, lo sería de otra. Pero no es exactamente así. Una posición hermenéutica *radical* generaría, sin duda, este problema. Y es otra de las trampas del Laberinto. Pero aquí se sostiene una tesis mucho más *matizada* y, a nuestro juicio, acorde con lo real. No se afirma que la comprensión *es* interpretación, sino que la comprensión tiene una dimensión interpretativa, lo cual es muy diferente y, además, verdadero. No somos capaces de alcanzar conocimientos completamente objetivos, especialmente en los temas humanos; siempre hay una dosis de interpretación, aunque sea mínima. Dicho de otro modo: podemos alcanzar conocimientos objetivos, pero con una pequeña dosis de interpretación.

La ilusión de la Ilustración, como ha mostrado entre otros MacIntyre, consistió en creer que había alcanzado un conocimiento completamente objetivo que, con justicia, fue deificado: la Diosa Razón. Pero no se trataba de un auténtico Dios, sino tan solo de un ídolo con los pies de barro que, con el paso del tiempo, cayó haciéndose pedazos. La presunta Razón universal que debía describir una naturaleza universal única comenzó sorprendentemente a "producir" leyes naturales cuyo contenido variaba dependiendo de quien lo redactara. Algunos, entonces, aprovecharon la confusión para sugerir que la Diosa era en realidad una esclava al servicio de los sentimientos o de lo práctico y útil. Y otros concluyeron que no era más que razón instrumental. Finalmente, gracias a la hermenéutica, se pudo llegar a la conclusión de que un conocimiento sin presupuestos no es, en realidad, más que una vana e ingenua ilusión, incluso en el caso de la ciencia experimental, como ha recordado Artigas.

En definitiva, el conocimiento no es posible sin interpretación, sin presupuestos, sin pre-juicios, sin contextos, porque quién conoce es la persona humana. Pero, insistimos, *no es* interpretación porque la experiencia tiene una dimensión objetiva. Si yo digo que un caballo es un hombre, simplemente me estoy equivocando; pero si pretendo definir qué es un hombre o quién es un hombre (ya solo en esta diferencia hay interpretación), habrá, inevitablemente, interpretación. Y esta se da no solo entre visiones del mundo muy diferentes, sino *dentro de una misma tradición de pensamiento*. Las discusiones de escuela pueden ser tan enconadas que acaben teniendo que ser prohibidas por los Papas.

Sin duda, el elemento interpretativo añade complejidad a la epistemología, pero no podemos hacer nada al respecto. Sucede lo mismo que con la subjetividad. Cuando constatamos y asumimos su existencia, nos limitamos a darle un DNI identificativo, lo que no significa que antes no existiera sino tan solo que, finalmente, hemos logrado identificar al sospechoso. Positivamente, logramos que nuestra epistemología sea más completa y, por tanto, más objetiva, más realista. Y si somos capaces de estructurar esta complejidad, los resultados pueden ser muy valiosos. La visión del mundo generada por esta epistemología será amplia y generosa, abierta a la complejidad de las cosas exteriores y a la complejidad humana. Generará mentes flexibles, dialogantes, constructivas, capaces de admitir que toda posición está abierta a revisión, mejora o modificación.

Recapitulando. Comenzamos por una experiencia en la que nos son dados los contenidos de lo real (que nos incluye a nosotros mismos). Fijamos su sentido a través de la inducción que conduce a su vez a la exploración del mundo en un proceso cíclico. Pero el material que genera ese proceso alcanza tal riqueza y complejidad que nos sobrecoge y nos supera, por lo que se hace inevitable una interpretación, una valoración, una selección, que, también inevitablemente, realiza cada sujeto, no una presunta Razón universal.

INTERSUBJETIVACIÓN, EXPRESIÓN Y LENGUAJE

Queda todavía por considerar otra dimensión esencial de la comprensión: la expresión, transmisión y comunicación de los conocimientos adquiridos, pero nos limitaremos a algunas indicaciones muy breves. La primera es que, en este ámbito, adquiere todo su valor la dimensión objetiva de la experiencia y su estabilización en unidades de sentido, porque solo estas son comunicables. Por eso indica Wojtyła, que uno de los grandes objetivos de la comprensión, aunque no el único, es la intersubjetivación[6]. Solo a través de esas unidades de sentido, en cuanto contienen un mensaje estable que no varían esencialmente, o, por lo menos, poseen un grado de estabilidad temporal significativa que permite compartirlas, podemos comunicarnos.

La dimensión objetiva del conocimiento resulta aquí tan fundamental que, si no existiera, la deriva hacia un

---

[6] «A la inducción le debemos *no tanto la objetivación como la intersubjetivación*, que es fundamental para este estudio: la realidad de la persona y de la acción se desvela como un objeto al que todos pueden observar, independientemente de la condición subjetiva que, al menos parcialmente, posee el objeto» (K. WOJTYŁA, *Persona y acción*, cit., 49, cursiva nuestra).

relativismo subjetivista o hermenéutico sería inevitable. Estaríamos en posesión de un mundo interior que sería solo nuestro. Pero, aunque admitiéramos la existencia de una dimensión objetiva, si no lográramos fijarla y estabilizarla, el resultado sería el mismo: la comunicación resultaría imposible. Solo podríamos expresar una experiencia que desaparecería y mutaría incluso antes de nombrarla.

Por eso, las unidades de sentido constituyen el primer y fundamental paso en la comunicación significativa entre sujetos, en la intersubjetividad epistemológica. El primero, y también el más elemental y primario, la primera y minúscula pieza de los complejos engranajes epistemológicos y expresivos que la mente humana es capaz de construir porque las primigenias unidades de sentido producidas por la inducción y la exploración se coaligan con otras y, estas, a su vez, con otras, formando enormes complejos arquitectónicos que toman la forma de costumbres, saberes, modelos, teorías, ciencias. Nada de lo cual acontece sin el lenguaje, sin el instrumento semántico que denota la unidad de sentido y permite, de hecho, la comunicación. Lenguajes simples para relaciones simples; lenguajes complejos para estructuras complejas. Lenguajes que acogen, formalizan y modulan la interpretación, que llevan con ellos una visión del mundo forjada a lo largo de generaciones.

Pero basta con esto, aunque sea manifiestamente insuficiente. Debemos volver a nuestro tema central; debemos continuar diseñando el camino que nos puede sacar del Laberinto. O que, quizás, ya nos está sacando.

6.
A CIENCIA CIERTA

Activando la taladradora crítica

Hasta ahora nos hemos movido, implícitamente, en el nivel del conocimiento ordinario del hombre común: lo que cada persona, hombre o mujer, piensa por sí mismo, con sus propias fuerzas y con la ayuda asistemática de los que le rodean. Es el conocimiento del campesino que labra la tierra y mira al cielo; del obrero que trabaja y vive, y no se preocupa quizá de mucho más. Y, también, el conocimiento que cualquiera de nosotros posee de aquellos sectores de lo real en los que no hemos recibido una formación particularmente sistemática y científica.

Este carácter primero y no sistemático no debería confundirnos y hacernos caer en el error de identificar conocimiento ordinario con conocimiento simple. La complejidad de la mente humana, de cualquiera, es inmensa. Y el conocimiento "ordinario", "espontáneo" o "primero" de cualquier ser humano es cualquier cosa menos sencillo o simple. Pero, aun así, este conocimiento, impulsado por el deseo de conocer más y mejor, de progresar, de eliminar el error, de abolir las dudas y alcanzar seguridad, puede volverse mucho más complejo. Lo que nos conduce a dos horizontes nuevos: la ciencia y la filosofía.

La ciencia y la filosofía surgen del deseo de saber con certeza, de conocer las causas, los cómos y los porqués. El conocimiento ordinario es limitado y frágil. Apenas alcanza a la superficie de la realidad y, con frecuencia, cae en el error. ¿Es la tierra redonda o plana? ¿Qué son las estrellas, esos puntos luminosos que brillan en el cielo? ¿Por qué crecen las plantas? ¿Qué habita en el fondo de los mares? La humanidad se ha hecho estas y muchas otras preguntas a lo largo de milenios y no las ha sabido contestar o lo ha hecho de modo erróneo: la tierra es plana, las estrellas están fijas en las esferas celestes, en los abismos marinos habitan monstruos enormes que devoran los barcos, etc. Pero muy recientemente —en términos históricos—, a partir del siglo XVI, empezó a ser capaz de responderlas *con certeza* gracias a un peculiar método de conocimiento diseñado en Europa: el método experimental empleado por la nueva ciencia.

La física y, más en concreto, la astronomía, tiene el gran honor de haber comenzado este camino. Copérnico, Kepler, Galileo, Newton, son los grandes nombres que transformaron el cielo misterioso en un conjunto de planetas que se movían según unas reglas determinadas hasta el punto de que se podía precisar exactamente su posición *futura*. Este enorme logro, cambió el curso de la humanidad, abriendo un nuevo horizonte cognoscitivo. Las brumas del conocimiento natural se alejaban y los errores de los simples, de los ignorantes podían ser, finalmente, superados. Comenzaba una era donde podía acontecer lo nunca visto: se podía adquirir un conocimiento cierto sobre temas recónditos y ocultos durante siglos e incluso milenios. Podíamos saber a ciencia cierta. Y así era, en efecto. Una vez que la validez de este nuevo método se confirmó a través de los éxitos de la astronomía, su generalización se volvió imparable. La química, la biología y, siglos más tarde, otras ciencias, lo emplearon a fondo generando un incremento exponencial de un saber seguro, acumulativo, que, con simultánea audacia y humildad, construye sobre lo ya construido; como algunas pirámides precolombinas que, transcurridas algunas generaciones se tornan gigantescas.

Volveremos un poco más adelante sobre este tipo de conocimiento. Ahora debemos centrarnos en algunos importantes problemas causados por el progreso de las ciencias, comenzando por el *descrédito del saber primero u ordinario* ("natural" en terminología husserliana). El caso paradigmático lo constituye el movimiento del sol. La humanidad creyó durante milenios que el Sol giraba alrededor de la Tierra, que permanecía quieta. El conocimiento natural así lo mostraba con evidencia. La Tierra estaba en su sitio, en el centro, y era el Sol el que se movía. Como el torero sevillano que fue a torear a La Coruña y le dijeron: ¡Qué lejos está Sevilla! A lo que respondió sin dudar: Sevilla está donde tiene que estar. La Coruña es la que está lejos ¿Cabía alguna duda sobre ello? No la cupo durante siglos, pero la ciencia mostró que no era así, sino más bien al contrario. Era el Sol el que estaba fijo y la Tierra la que giraba a su alrededor. La verdad era justo lo contrario de lo que el conocimiento ordinario había creído con seguridad absoluta durante milenios. Sevilla no estaba donde se suponía que tenía que estar.

Las consecuencias epistemológicas son automáticas. Si el conocimiento ordinario no es capaz de conocer la verdad en algo que se presenta de un modo tan intuitivo, *¿qué valor hay que concederle*, si es que hay que concederle alguno? Sin duda lo más sensato será poner sus aportaciones en cuarentena hasta que sean confirmadas por la ciencia a través del método científico. Solo así, solo entonces, se dispondrá de conocimientos seguros, y evitaremos errores pequeños, grandes o, quizá, enormes. La ingenuidad epistemológica quedaba sentenciada a muerte.

El impacto de este descubrimiento alcanzó *incluso a la filosofía*. También ella surge del afán de conocimiento humano, pero, a diferencia de la ciencia, no busca la extensión sino, principalmente, la profundidad. No pretende, en general, alcanzar nuevos conocimientos, sino entender lo más a fondo posible el qué o el porqué de situaciones o acontecimientos ya conocidos. Sé de sobras que voy a morir. Pero, ¿qué es exactamente la muerte? ¿Muero completamente? o, como dijo, Horacio, «no moriré del todo pues mis odas, /la parte más lograda de mí mismo / vencerán a la muerte destructora»[1]? Y, más allá de mis obras, grandes o pequeñas ¿permaneceré *yo* en cuanto sujeto único? Y, si esto es así, ¿qué sucederá entonces? Estas preguntas y otras similares —sobre la libertad o el conocimiento, sobre el bien o el mal, la belleza o la estructura de lo real— son las preguntas típicas de la filosofía.

Estas preguntas se las habían hecho los filósofos de todos los tiempos y cada uno las había contestado a su

---

[1] «...Cuando con la vestal suba el pontífice, /ambos callados hacia el Capitolio... /Yo creceré incesante, siglo a siglo, / renaceré en la estima venidera» (HORACIO, Libro III, Oda 30, en *Odas*, traducción de L. J. Moreno, Plaza y Janés, Barcelona 2000).

modo —recordemos la dimensión interpretativa de la comprensión— sin que nadie se hubiera escandalizado grandemente. No es posible resolver cuestiones complejas con respuestas simples. Pero la aparición de la ciencia modificó este panorama. Ahora existía *un saber que daba respuestas seguras* y, en cierta medida, simples, a cuestiones complejas. Y que tenía el inapreciable rasgo de la objetividad, incluso de la univocidad. Había sido capaz de resolver, para empezar, el ancestral misterio del movimiento de los astros. Y, a partir de allí, y empleando un método peculiar, continuaba aportando conocimientos incuestionables. Justo lo contrario de lo que acontecía con la filosofía donde toda propuesta, toda definición, toda teoría era discutida y discutible. Ningún filósofo estaba completamente de acuerdo con otro. Más bien, estaba en desacuerdo cuando no en abierta oposición. Esta situación era la moneda de cambio habitual en filosofía, pero, ¿tenía que seguirlo siendo? ¿Era admisible cuando había aparecido un método capaz de superar estas miserias del conocimiento humano?

Descartes fue el primero en afrontar este gran reto. Y su propuesta es sobradamente conocida: *la duda metódica.* El método para alcanzar en filosofía la solidez del conocimiento científico será «evitar con cuidado la precipitación y la prevención, y admitir en mis juicios nada más que lo que se presentase tan clara y distintamente a mi espíritu, que no tuviese motivo alguno para ponerlo en duda»[2]. Conocemos el resto. Los sentidos me engañan de vez en cuando; por lo tanto, no puedo fiarme de ellos. También tengo ideas y creencias que me parece verdades, pero

---

[2] R. DESCARTES, *Discurso del método,* (ed. y traducción de Eduardo Bello), Altaya, Madrid (1993), pp. 24-25.

puede que no lo sean, porque algunas de ellas se han demostrado falsas, etc. Pero hay algo de lo que no puedo dudar bajo ningún concepto, mi existencia, porque está incluida en la misma duda: "Cogito ergo sum".

Los análisis sobre el *cogito* han sido innumerables puesto que se trata, probablemente, de la piedra fundacional de la filosofía moderna. De hecho, muchas filosofías se han esforzado por establecer *un nuevo y auténtico cogito*, una vez que el cartesiano quedó desacreditado, pues la potencia crítica de la filosofía es demoledora: Saturno devorando a sus hijos. Pero no es este el punto que nos interesa ahora. Lo que importa es que Descartes instaló en la filosofía *la duda radical acerca del conocimiento ordinario y natural*, ampliando y radicalizando la división que había establecido la ciencia entre conocimiento científico y ordinario. Así como la ciencia no podía fiarse sin más del saber primero y "natural", tampoco podía hacerlo la filosofía. Solo el conocimiento críticamente validado, fuera científico o filosófico, podía considerarse a partir de ahora auténtico conocimiento. El conocimiento ordinario quedaba degradado al nivel de *doxa* aristotélica.

El alcance de este planteamiento ha sido enorme y solo en el siglo XX parece que ha comenzado a mitigarse. Husserl todavía trabajó bajo la influencia de Descartes. Y la gran construcción fenomenológica es, en buena medida, un nuevo intento (uno más) de construir una filosofía cuyos conceptos no puedan ser refutados. Por ello, comienza, de modo similar a su maestro, poniendo entre paréntesis (*epojé*) un mundo que no es epistemológicamente fiable (de nuevo los engaños de los sentidos), y propone como vía primaria de conocimiento la intuición de esencias dadas a la conciencia, cuya objetividad no podría ser cuestionada.

Pero ya hemos dicho lo suficiente para nuestro propósito y el problema que hay que afrontar ha sido planteado: ¿existe o no *continuidad* entre el conocimiento ordinario y el científico o filosófico? ¿O solo este último es realmente verdadero? Si no resolvemos esta cuestión, es fácil advertirlo, nunca saldremos del Laberinto. Quedaremos atrapados en las Arenas Movedizas de la Duda, sin terreno firme sobre el que caminar.

¿RUPTURA O CONTINUIDAD? LA COMPRENSIÓN CRÍTICA

El afán por la verdad, la certeza y el deseo de eliminar y superar los errores que presenta el conocimiento ordinario es perfectamente noble y legítimo. A nadie le gusta engañarse o que le engañen. Por tanto, la actitud epistemológica crítica y purificadora no solo está justificada, sino que es totalmente necesaria; cualquier persona sensata debe cultivarla. Quizás especialmente ahora, atrapados como estamos en el Laberinto de la Fragmentación formado por una multiforme y densa red de información difícilmente contrastable y verificable. Los sentidos, sin duda, nos engañan de vez en cuando, pero Internet y los medios de comunicación lo hacen con mucha mayor frecuencia. Bienvenido sea, por tanto, el espíritu crítico, el deseo de alcanzar una verdad fundada: la aspiración a pasar del fenómeno al fundamento, de lo que se nos presenta como verdadero a lo que realmente lo es.

Corresponde, en buena medida, al espíritu moderno, cartesiano, el mérito de haber puesto en marcha esta mentalidad crítica dejando atrás la comodidad de una seguridad ficticia. El conocimiento debe fundarse en sí mismo, más allá de las autoridades y la tradición; y, por supuesto, más allá del error o de la superficialidad. «Mi propósito, afirmaba valientemente Descartes, no ha sido nunca otro que intentar reformar mis pensamientos y construir sobre un terreno que sea enteramente mío»[3]. Pero —casi siempre suele haber un "pero" en la vida, y, particularmente, en la filosofía—, a la modernidad se le fue la mano. La crítica se exacerbó, se desató, perdió toda medida ya en Descartes y, después, en quienes le siguieron, consumiendo *cogito* tras *cogito* hasta conducir prácticamente a la nada, al pensamiento débil, la posmodernidad y el Laberinto de la Fragmentación. Y así, de la orgullosa Razón moderna solo quedan en nuestro siglo los fragmentos dispersos y caóticos que conforman nuestro panorama intelectual. Este es el resultado, triste, del continuo golpear del pico crítico sobre el muro del conocimiento. Que todavía continúa. ¿Es posible frenar esa destrucción? Y, sobre todo, ¿estaría epistemológicamente justificada? Porque ese pico no puede ser detenido con advertencias bienintencionadas o consideraciones morales, sino con un razonamiento, crítico a su vez, que lo detenga. La apuesta moderna por la autonomía del conocimiento no puede ya ser modificada. Puede, en todo caso, ser reconducida. Y ese redireccionamiento es posible revisando su validez. No de la crítica en cuanto tal, siempre necesaria —este escrito no deja de ser un proyecto crítico— sino de la crítica tal como ha sido entendida por parte de la modernidad. Hay que revisar, en concreto, la presunta *discontinuidad* entre el conocimiento ordinario y el científico o filosófico. ¿Existe realmente una separación radical entre ambos? ¿Debemos poner entre paréntesis el conocimiento ordinario hasta que los saberes superiores no digan lo contrario?

---

[3] R. DESCARTES, *Discurso del método*, cit., p. 20.

La respuesta es no.

Revisemos los razonamientos que nos han conducido a asentir frente a la supuesta discontinuidad para lo que retomaremos nuestro ejemplo astronómico. Siempre se creyó, sin duda alguna, que el Sol giraba alrededor de la Tierra, pero la ciencia ha demostrado, de modo indudable, que lo contrario es lo verdadero. Frente a la secular evidencia del conocimiento ordinario, frente a la información diaria y cotidiana de los sentidos, el método científico muestra y demuestra, a través de múltiples y detalladas observaciones, estudios, experimentos, uso de instrumentación y aplicación de leyes matemáticas que esa convicción espontánea es falsa. Es la Tierra quien gira alrededor del Sol.

Cuestionarse la veracidad de esta tesis sería simplemente absurdo. Y, desde luego, no vamos a hacerlo. Pero sí *podemos cuestionarnos la validez de algunas de las consecuencias epistemológicas que de aquí se han derivado*. En concreto, ¿se deriva de este hecho la invalidez del conocimiento ordinario o la necesidad de que sea siempre provisional hasta que sea contrastado por el conocimiento científico? No necesariamente. Si damos marcha atrás en la historia y rememoramos los pasos que forzaron el cambio de paradigma del modelo ptolemaico al heliocéntrico, concluiremos que este fue causado por un complejo proceso de revisión de los datos experimentales que se tenían hasta el momento; por la incorporación de muchas observaciones nuevas, sobre todo gracias a Copérnico, y por una elaboración matemática y teórica de los resultados. Fueron decisivas también las observaciones de Galileo —mediante un telescopio perfeccionado— que permitieron confirmar la existencia de lunas también en Júpiter aumentando el número de cuerpos celestes, cosa imposible en la física aristotélica.

En definitiva, un conjunto de nuevos datos basados en observaciones tomadas mediante instrumentos científicos junto con su análisis posterior condujo a la confirmación progresiva de la teoría heliocéntrica. ¿Arroja esta reflexión alguna luz sobre nuestro problema? Parecería que no. Los nuevos instrumentos de observación, los resultados de su utilización y su análisis matemático —es decir, el método científico— fueron justamente los que permitieron un gran avance en el conocimiento de la humanidad superando un error secular forzado por el conocimiento ordinario. Esto, sin duda, es verdad. Pero *no es toda la verdad*. En realidad, los instrumentos de observación son, como su nombre indica, *instrumentos*. Y no eran ellos los que veían, sino el ojo humano a su través. *Sin la visión humana no habría habido ningún avance nuevo, ningún progreso*. Y esa visión (comprensiva) no es otra cosa que un aspecto *del conocimiento ordinario o primero*.

Lo que hicieron los nuevos instrumentos de observación fue potenciar, perfilar y precisar *el conocimiento humano básico*. Y esa tarea es la que permitió considerar erróneas *algunas* conclusiones de ese conocimiento. Pero ese conocimiento *nunca fue cuestionado de modo radical*, porque cuando esa operación se lleva acabo —con radicalidad plena, no con radicalidad presunta— el conocimiento, sin más, se disuelve. Las Arenas Movedizas nos atrapan. Y no hay escapatoria. Si no se confía en la capacidad humana de observación, la ciencia, simplemente, deviene imposible. ¿Si dudamos *realmente* —no como parte de un divertido juego epistemológico que podemos concluir cuando nos cansemos o tengamos hambre y nos vayamos a picar algo— de la capacidad estructural de nuestra mente de transmitir correctamente datos del mundo externo, qué posibilidades le *quedan a la ciencia*? ¿Cómo puedo saber, por ejemplo, que el punto que detecto en el telescopio, o la señal que me aparece en el contador Geiger son auténticas señales de un mundo que está ahí afuera y no productos de mi imaginación o de algún genio maligno? ¿Cómo puedo estar seguro de qué señala el telescopio o qué medida me da el contador Geiger si no me fío de mis sentidos?

No dudar de la validez estructural de mi capacidad cognoscitiva no significa no dudar en absoluto. Esto sería irracional. Es razonable dudar; ante todo, porque la experiencia del error, sin necesidad de buscar ejemplos astronómicos, es cotidiana. Pero *los errores los resolvemos con nuestra propia capacidad cognoscitiva que, es justamente, la que da carta de validez al error.* ¿Cómo podemos saber que estamos equivocados si no podemos estar seguros de nada? El error valdría tanto como la verdad; en realidad, ninguna de estas palabras significaría nada.

Y lo mismo vale, aunque los parámetros epistemológicos sean distintos, para la filosofía. De hecho, ya vimos que el origen histórico del problema coincidía. Si dudamos realmente de la capacidad de nuestro conocimiento de alcanzar el mundo exterior, *nunca* podremos justificar su existencia, ya que solo tengo un único modo de hacerlo: el mismo conocimiento que he desacreditado. No hay salida a la duda metódica, si es realmente metódica. Al final no queda nada. Solo arena. La filosofía occidental tardó algunos siglos en darse cuenta de ello, dedicada como estaba a su trabajo de perforación crítica con la ilusión de alcanzar los fundamentos últimos. Pero esos fundamentos, en realidad, no se encuentran en alguna cavidad remota que perforando desaforadamente podamos alcanzar. Están cerca y a la vista: en la experiencia, en la Fuente Originaria. Son los únicos que tenemos y, por tanto, deberían servirnos.

¿Qué podemos concluir? El valor de una crítica limitada y el sinsentido imposible de una crítica absoluta, posición que podemos conceptualizar como *comprensión crítica* o elaboración crítica de la experiencia. Este es el camino, el camino adecuado, a nuestro juicio, que lleva a la ciencia y a la filosofía.

Hemos considerado ya que el hecho experiencial se transforma en conocimiento explícito y consciente, adquiriendo un cierto grado de formalización a través de los procesos que constituyen la comprensión: inducción, exploración, interpretación y expresión. Pero *podemos distinguir dos tipos de comprensión*. Una comprensión *ordinaria* propia del hombre común, es decir, de la persona que no reflexiona de modo particularmente sistemático ni crítico frente a lo que la realidad le muestra. Y una comprensión *crítica* en la que tanto los datos de la experiencia como los de la comprensión ordinaria se criban, analizan y contrastan con todo el rigor posible para eliminar errores o interpretaciones falsas, para profundizar o para dar solidez al conocimiento[4]. Pero esta comprensión crítica, al igual que ocurría con la comprensión ordinaria, tendrá siempre como criterio último de referencia la experiencia proporcionada por la potencialidad cognoscitiva del hombre, *que es una y única*. En términos wojtylianos, *la comprensión crítica también es inmanente y trascendente con respecto a la experiencia.*

---

[4] El sentido habitual de experimentación en las ciencias no coincide con el de experiencia tal como aquí se entiende, sino que se sitúa en el nivel de la *comprensión crítica*, porque no se limita a simple observación o reflexión ordinaria sobre la realidad, sino que «supone una intervención activa en los procesos naturales, con objeto de obtener respuestas a las preguntas formuladas hipotéticamente de acuerdo con un plan establecido. Es una actividad planeada que permite observar lo que sucede en condiciones específicas y controladas» (M. ARTIGAS, *Filosofía de la ciencia experimental*, [3.ª ed.], Eunsa, Pamplona 1999, p. 30).

Somos conscientes, dada la amplitud y complejidad del problema, de las limitaciones de nuestra explicación. Y entendemos que al lector le surjan infinidad de dudas y cuestiones no resueltas o que reclaman mayor detalle para su plena satisfacción. Pero, al mismo tiempo, nos parece que hemos dicho lo suficiente para solventar un problema decisivo en nuestro camino de salida del Laberinto. Hemos logrado escapar de las Arenas Movedizas al *asentar la continuidad esencial —aunque crítica— entre el conocimiento ordinario y el científico o filosófico*. No estamos ante dos tipos de conocimiento diverso, lo que convertiría en razonable la duda ante el mundo representado por la actitud natural (o ingenua, como les encanta adjetivar a los idealistas) y sus errores manifiestos. Tienen, ciertamente, características diversas, pero ambas son modalidades de nuestra *única capacidad cognoscitiva*.

Por otra parte, también las ciencias se equivocan de vez en cuando. Y no hablemos de la filosofía.

¿Cuánto sabe la ciencia?

Sentadas estas bases podemos intentar atacar uno de los grandes problemas epistemológicos contemporáneos diagnosticado simultáneamente por Joseph Ratzinger y Jean-François Lyotard: el cientificismo. La ciencia, nos advierten, se ha convertido en el único modo legítimo de conocimiento, eliminando las preguntas sobre el sentido por intrascendentes o irresolubles y confinando las narraciones al estatuto de saber mítico. Y «donde rige el dominio exclusivo de la razón positivista —y este es en gran parte el caso de nuestra conciencia pública— las fuentes clásicas de conocimiento del *ethos* y del derecho quedan fuera de juego. Esta es una situación dramática que afecta a todos y sobre la cual es necesaria una discusión pública»[5]. Sabemos que no es un problema nuevo. Tiene orígenes lejanos y se refuerza con el avance de las ciencias. Probablemente fue en el siglo XIX cuando esta visión se consolidó como una propuesta epistemológica autoconsciente. Y a comienzos del siglo XX ya había alcanzado el rango de teoría dominante y deletérea, como pudieron experimentar Jacques Maritain y su mujer Raïssa como estudiantes de filosofía en la Sorbona en esos años. Desacreditados los saberes humanistas, la filosofía había quedado prácticamente reducida a una filosofía de la ciencia de modo que «los jóvenes, escribía Raïssa Maritain, salían de sus estudios filosóficos instruidos e inteligentes, pero sin confianza en las ideas si no era como instrumentos de retórica, y perfectamente desarmados para las luchas del espíritu y para los conflictos del

---

[5] BENEDICTO XVI, *Discurso en el* Reichstag, 22-9-2011.

mundo»[6]. Hoy, en el siglo XXI el cientificismo sigue gozando de muy buena salud, amparado y potenciado por una interpretación reduccionista de uno de los grandes avances científicos contemporáneos: las neurociencias. De aquí la imperiosa necesidad de una razón ampliada que lo supere permitiendo dar carta de validez al saber sobre el hombre, y abriendo el camino a un sentido supra-científico, es decir, al Sentido ¿Puede aportar la vía de la experiencia integral una solución a este problema?

Entendemos que sí, aun siendo conscientes de la complejidad y envergadura del problema. Pero, previamente a cualquier consideración, es necesario realizar algunas distinciones. *No es lo mismo ciencia que cientificismo, ni todos los científicos son cientificistas.* Por obvio que pueda resultar, es necesario recordarlo, pues los medios de comunicación transmiten con frecuencia imágenes de la ciencia deformadas por una perspectiva cientificista en las que se ensalza a los científicos, divulgadores o pseudocientíficos paladines de esta posición. Pero *la ciencia, en sí misma, no es cientificista*. El cientificismo es una *interpretación* de la ciencia que la instituye como *único* saber válido. Pero, en cuanto interpretación y teoría, es distinta e independiente del trabajo científico habitual *que consiste en la aplicación del método científico*, una tarea con la que los científicos suelen tener más que suficiente. Por otro lado, científicos los hay de todos los pelajes: agnósticos y creyentes, ateos y escépticos, cientificistas y humanistas. En cuanto científicos, todos seguirán los procedimientos estandarizados y protocolizados de la ciencia. Y, en cuanto personas, cada uno tendrá su propia interpretación del mundo y, quizá, de

---

⁶ R. MARITAIN, *Les grandes amitiés*, Desclée de Brouwer, París 1949, pp. 79-80. Una experiencia similar la tuvieron Mounier y Gilson.

la ciencia. Que sea buena o mala, sin embargo, no queda asegurada por su condición de científico. La concesión de un premio Nobel de física por descubrir la radiación isotrópica procedente del Big-Bang no asegura que la interpretación sobre la existencia de la materia, es decir, del universo, sea correcta.

Pero vayamos ya a la visión cientificista que sostiene, fundamentalmente, dos tesis: 1) el método científico es el único que genera saber válido; 2) como el saber humanista (la narración en términos de Lyotard) no puede superar ese filtro epistemológico, no es, en sentido estricto, un saber sino una simple opinión sin valor de verdad.

¿Qué es posible decir al respecto?

A nuestro juicio, el análisis del proceso de formación de la ciencia desde el punto de vista de la experiencia integral (a través de la comprensión crítica) muestra fehacientemente que el criterio último de validez de cualquier saber es la experiencia, algo en lo que cualquier científico estaría de acuerdo. El problema entonces se traslada a la configuración de la experiencia. ¿Cómo está constituida? O, en otros términos, ¿qué nos aporta? Si tomamos el modelo de experiencia empirista, ya conocemos la respuesta: la experiencia nos proporciona un conjunto de datos empíricos sobre el mundo sin orden ni estructura definida; en cualquier caso, son datos solo sensibles. ¿Podemos encontrar aquí algún fundamento para construir un saber que vaya más allá de lo experimental-científico? Evidentemente no, por lo que si fuera cierto que la experiencia nos proporcionara únicamente este tipo de información el cientificismo probablemente estaría justificado. Cualquier saber que quisiera constituirse o justificarse más allá del dato sensible sería una mera invención. Razonable, quizás, pero invención.

Como las "formas a priori" kantianas o cualquier otra propuesta racionalista.

Pero si la experiencia no responde a la visión de los empiristas sino a la de la experiencia integral, la situación cambia notablemente. Porque ahora, la experiencia aporta mucho más, casi infinitamente más, ya que aporta *todo*. La experiencia aporta todo lo real, captado en su integridad sensitivo-intelectiva y, por tanto, aporta también una dimensión superior a la científica: la realidad profunda del mundo y del hombre, que deberá ser aclarada o iluminada posteriormente, pero *que ya está ahí*, con la misma validez existencial que la científica. El cientificismo, por tanto, no está epistemológicamente justificado. Se deriva de una interpretación reductiva de la experiencia. Y, una vez que se identifica el problema, su pretensión de saber único y exclusivo se desmorona. La Fuente Originaria aporta mucho más que datos sensibles des-informados. Por tanto, muchos saberes son posibles.

Pero podemos dar todavía un paso más, empuñando ahora nosotros la Taladradora Crítica (tarea que, por cierto, puede resultar agradable), y preguntar: ¿Realmente se puede justificar la ciencia a partir de una experiencia empirista? El asunto no es nada claro. Ya lo advirtió Kant, y con razón. ¿De dónde surgen las leyes de la ciencia? ¿De la experiencia o de la mente humana? De la experiencia no pueden surgir porque esta no ofrece más que agrupaciones in-coherentes de datos sensibles. Por lo tanto, surgen de la mente humana. Pero entonces no están sometidas al método científico, es decir, no se fundan en la experiencia.

Para romper este círculo basta con recurrir *a la ciencia auténtica* que, en realidad, *no opera con una experiencia empirista, sino con una experiencia integral* (aunque limitada al sector de interés de la ciencia: animales, organismos, minerales, el cosmos, etc.). Los científicos no trabajan con datos empíricos desestructurados, sino con entidades, con "cosas" o "hechos", es decir, con realidades estructuradas captadas de modo estable a través de las unidades de significado. El investigador de la vida salvaje no se dedica a estudiar los movimientos estocásticos de agregados de color pardo, detectados a través de formas que evolucionan en el tiempo de maneras difícilmente predecibles. Investiga a leones, jirafas o hienas. Y el astrofísico estudia la evolución del polvo cósmico, las supernovas o las enanas blancas. Es decir, investigan objetos con una esencia específica, cosas, hechos, entidades, comprendidas o por comprender. La ciencia real, en otras palabras, *no estudia lo sensible*, porque lo sensible, en cuanto tal, no existe; estudia e investiga *realidades* materiales en el más amplio sentido de esta palabra.

Por eso *también la ciencia es capaz de responder a los porqués*. En ocasiones, para resaltar el valor de los saberes humanistas, se afirma que la ciencia solo se ocuparía de los *qués*, o, como mucho de los *cómos*, mientras que quedaría reservado a la filosofía (o las ciencias humanas más en general) la respuesta a los *porqués*. Pero esta tesis, quizá bienintencionada, esconde, a mi juicio, *una visión empiricista de la ciencia* entendida como un saber limitado a articular y coordinar los limitados datos sensible-experimentales. Con esos fundamentos puede decirnos lo que hay, pero nada más. No puede aventurarse a *dar razones* porque se mueve en la superficie de lo existente, en el fútil mundo fenoménico.

Pero la ciencia no solo no puede dar razones, sino que las da y muchas. Lo que no puede es dar razones *últimas*. Pero puede dar *auténticas* razones. Puede explicar, por ejemplo, por qué las estrellas denominadas novas sufren un incremento recurrente de brillo[7]. Sucede que, en realidad, las novas —esas estrellas que periódicamente aumentan su brillo de manera espectacular— no son estrellas aisladas, sino sistemas binarios formados por una gigante roja y una enana blanca. La materia superficial de la gigante roja, de muy poca densidad, es atraída hacia la superficie de la enana blanca, pequeña, pero con densidades enormes. Cuando esa materia se deposita, sufre la potentísima atracción de la gravedad de la enana blanca y comienza a calentarse por la presión a la que está sometida. El proceso continúa, la materia apretada en la superficie de la enana blanca aumenta y, por la presión de la nueva masa —y, sobre todo, por la continua atracción gravitatoria de la enana blanca— se calienta cada vez más hasta que, finalmente, se alcanza la temperatura de ignición de las cadenas de combustión nuclear que, una vez iniciadas, generan una explosión termonuclear que provoca la expulsión al espacio de toda la masa acumulada en la superficie de la enana blanca con el consiguiente aumento de brillo. Y el proceso comienza de nuevo. Esto es un *porqué*. No explica por qué existe el universo o la materia. Pero explica algo: por qué las estrellas novas tienen una luminosidad que se incrementa de modo recurrente. Lo cual, ciertamente, es bastante limitado, pero interesante.

Y, además de interesante, ¿es verdadero? ¿O se trata tan solo de una explicación plausible que, en un futuro, podría ser sustituida por otra diferente, que, a su vez,

---

[7] Me permito aquí, con permiso del lector, recurrir a mi oxidada tesis doctoral en astrofísica. Cfr. J. M. BURGOS, *Nucleosíntesis hidrodinámica de novas de O-Ne-Mg*, Tesis doctoral, Universidad de Barcelona, Barcelona 1988.

podría ser sustituida por otra? La pregunta es compleja, pero de lo que sí podemos estar seguros es de que hay que evitar los extremos. Uno de ellos afirmaría que la ciencia acumula conocimientos definitivos en un espectacular proceso constructivo. El otro extremo afirmaría, con Popper, que no debemos pedir a la ciencia "ninguna certidumbre definitiva". Pero este extremo parece ser más falso que el primero. La ciencia, sin duda, ha construido un edificio impresionante en el que su complejidad corre paralela a su tamaño, lo que conlleva *una multiplicación de los niveles de verdad*. No podemos asignar el mismo nivel de validez a una sofisticada teoría físico-matemática que permite interpretar los abstrusos datos que proporcionan los aceleradores de partículas gracias a complejísimos aparatos, que a una teoría astrofísica deducida de datos experimentales a través de la espectrografía de la luz que emiten las estrellas o a la especificación de las características morfológicas de determinadas especies perfectamente visibles para cualquiera. Pero, a pesar de la multiplicación de la complejidad, la verdad se va asentando, y, dato tras dato, y revisión tras revisión, la ciencia acaba por proporcionar conocimientos válidos acerca de la realidad que, sin duda, podrán precisarse o profundizarse, pero no cambiarse, como la composición del agua o las características esenciales del sol. Hace siglos esto datos no se conocían. Hoy los conocemos y en el futuro no cambiarán. El agua no va a dejar de ser H_2O. Otros sí, serán modificados, revisados, completados o incluso negados, pero el resultado colectivo del esfuerzo científico de la humanidad es un progreso espectacular (no siempre lineal) en el conocimiento del mundo natural[8].

---

[8] Popper considera, por el contrario, que todo conocimiento científico es provisional. Y, por eso, el criterio de cientificidad no es la verificación

Así opera la ciencia real. Y por eso puede descubrir leyes, explicar *cómos* e incluso *porqués*. Pero su alcance está limitado por el sector de experiencia que investiga y por los métodos que emplea, válidos para ese sector, pero no para toda la realidad. Por ello sería presuntuoso y epistemológicamente injustificado intentar extender sus explicaciones al entero ámbito de lo real, o intentar pasar bajo el tamiz de su metodología sectores de la experiencia (integral), es decir, de la realidad, que le son ajenos. La Fuente Originaria no puede ser absorbida por la ciencia.

---

sino la falsación. Una teoría es cierta mientras que no se demuestra que es falsa. Por tanto, no sabemos si es verdadera. Pero la ciencia real no funciona así. El científico está seguro de la verdad de la mayor parte de sus conocimientos y, por eso, se esfuerza en ampliarlos. ¿O es que acaso piensan los científicos que la mayoría de sus conocimientos pueden ser *diferentes*? Además, ¿qué pasión podría generar un sistema que solo produce conocimientos provisionales que *siempre* pueden ser cuestionados e incluso refutados?

7.

FILOSOFÍA: EN BUSCA DEL SENTIDO

ES POSIBLE QUE HAYAMOS DADO YA ALGUNOS pasos hacia el exterior, que hayamos escapado de las Arenas Movedizas de la Duda, superado las reducciones cientificistas o evitado el Reino de lo Universal; pero, en el caso de que fuera cierto, queda aún por afrontar una última cuestión decisiva: la del Sentido. ¿Permite la experiencia integral el acceso *al sentido pleno, al fundamento*? Porque si este no fuera el caso, podríamos habernos esforzado en vano, y, quizás, pensando que avanzamos, confundidos por las imágenes deformadas de los fragmentos de sentido, habríamos caminado en círculos, y estaríamos, de nuevo, en el inicio o, más bien, en el centro del Laberinto.

DE LA EXPERIENCIA AL FUNDAMENTO. DETENIENDO
LA TALADRADORA CRÍTICA

La ciencia nos proporciona claves importantes para comprender el mundo que nos rodea y a nosotros mismos.

111

Vivimos en un pequeño planeta, perdido en la inmensidad del cosmos, pero tremendamente peculiar. Hasta el momento no se conoce ningún otro que posea un mínimo porcentaje de sus características. Conocemos a fondo, aunque con limitaciones, el funcionamiento de nuestro organismo, lo que nos ha permitido alargar de modo portentoso la esperanza de vida. Sabemos que el mundo biológico está estructurado en ecosistemas que debemos cuidar y proteger, porque, de otro modo, se extinguen o deterioran, disminuyendo de modo irreparable las riquezas de la biodiversidad. La lista podría alargarse más y más, de modo casi indefinido. Pero nunca encontraremos respuestas sobre el sentido. Hay, preguntas que todo hombre se hace y que la ciencia, simplemente, no es capaz de responder. ¿Quién soy? ¿De dónde vengo? ¿Cuál es el sentido de mi vida? ¿Qué sucederá al morir? ¿Por qué el ser y no la nada? No son preguntas nuevas. Son preguntas tan antiguas como el ser humano, y de muy difícil respuesta. Siempre hemos sabido que las cosas son así, como refleja con simpático sarcasmo este dicho medieval recogido por Jaspers:

> Vengo, más no sé de dónde.
> Soy, mas no sé quién.
> Moriré, más no sé cuándo.
> Camino, mas no sé hacia dónde.
> Me extraña que esté contento.

Afortunadamente, la pregunta por el sentido, tiene niveles. Podemos preguntarnos acerca de la muerte, un hecho del que no tenemos experiencia directa y del que difícilmente podremos dar una explicación sólida con nuestras solas fuerzas. Y podemos también interrogarnos sobre temas más cercanos y accesibles: el bien y el mal, la libertad, la persona, el valor de la ciencia, la verdad. Este es el terreno propio *de la filosofía*, en el que puede realizar su principal y mayor contribución: *la estructuración primera del sentido con una carga de absoluto.*

Justamente esto, y no otra cosa, era lo que solicitaba Juan Pablo II en la encíclica *Fides et Ratio*. «Es necesaria una filosofía de alcance *auténticamente metafísico*, capaz de trascender los datos empíricos para llegar, en su búsqueda de la verdad, a algo absoluto, último y fundamental. Esta es una exigencia implícita tanto en el conocimiento de tipo sapiencial como en el de tipo analítico; concretamente, es una exigencia propia del conocimiento del bien moral cuyo fundamento último es el sumo Bien, Dios mismo»[1]. Solo esta filosofía, en efecto, puede estar en condiciones de contribuir a la búsqueda del sentido y, más precisamente, de *fundarlo*. Porque toda filosofía tiene pretensión de ultimidad: es su marca propia. El filósofo de raza es crítico por naturaleza; por eso su ecosistema es el de la comprensión crítica. La experiencia, entendida como dato bruto, siempre le resulta insuficiente. Por eso busca interrogarla, fundarla, ponerla a prueba. Solo si responde a sus expectativas, si es capaz de superar esas pruebas, la acepta. Pero la crítica, lo hemos visto, puede ser autodestructiva, aniquiladora. La Taladradora Crítica puede disolver la realidad en fragmentos brillantes y aparentes, pero inconsistentes. Y entonces, la posibilidad del sentido filosófico queda cancelada. Y, en cierto modo, la de *cualquier sentido*.

Hume fue un buen taladrador y dejó el asfalto bastante destrozado. Disolvió la causalidad y el bien moral (recordemos la ley de Hume o falacia naturalista), y también

---

[1] JUAN PABLO II, Enc. *Fides et ratio*, n. 83.

trituró al "yo", convertido en una etiqueta unificadora del flujo de sensaciones de la conciencia. La verdad es que no dejó títere con cabeza. La posmodernidad parece un juego de niños en comparación. Y esto sin olvidarnos de Nietzsche, con su acerada crítica de la moral cristiana o su tesis sobre la muerte de Dios. Son los frutos ácidos de la modernidad, las consecuencias de perforar sin ningún tipo de mesura. Por eso, para recuperar el sentido debemos ser capaces, como primera medida, de detener la Taladradora, impidiendo que continúe sus destrozos. La crítica de la Crítica que hemos realizado quizá haya conseguido este objetivo; quizá hayamos podido mostrar que una perforación continua es inconsistente: ni está justificada ni tiene sentido. Es un primer paso, importante y necesario, pero *insuficiente*. No basta con detener la destrucción; hay que construir; *hay que mostrar que el sentido, en filosofía, es posible.*

La filosofía, sin embargo, no construye el sentido. Para bien o para mal no es tan poderosa. Simplemente lo constata, refuerza o justifica. O lo critica, debilita o deconstruye. El Sentido está ahí (o no está) y nos lo transmite la Fuente Originaria. Y no es necesario ser filósofo (o teólogo) para establecer un sentido. *Todo hombre*, de modo más o menos explícito, lo fija. Es un trabajo de la comprensión *ordinaria*. Pero la filosofía, aunque no funda radicalmente el sentido, posee el poder, particularmente ante los intelectuales, de reforzarlo o de debilitarlo, de justificar su viabilidad o de destrozarlo. Y los intelectuales importan. Quizá menos que antes; pero aun así, las ideas siguen teniendo su peso en el trascurrir del mundo. Si la comprensión crítica tal como es entendida por parte importante de la filosofía concluye que el Sentido no existe; o que, en caso de existir, no es alcanzable, la sociedad toma nota y se torna más relativista, escéptica o quizás

114

cínica. La comprensión ordinaria sucumbe con facilidad, al menos dialécticamente, frente a la comprensión crítica. Por eso, el Sentido debe ser justificado (no creado, algo imposible, dado el carácter de conocimiento segundo de la filosofía) a este nivel. Y, para ello, hace falta alcanzar terreno sólido, epistemológicamente firme, un fundamento inmune a la Taladradora Crítica. ¿Es esto posible? ¿Puede la experiencia integral realizar esta tarea?

Entendemos que sí, pero para ello *hay que desembarazarse de la noción de fenómeno* o, por lo menos, entenderla en un sentido correcto. De otro modo, la Taladradora continuará actuando. Si entendemos el fenómeno en sentido empirista, kantiano o husserliano, es decir, como conjunto de datos sensibles in-coherentes, el problema resulta insuperable. Solo se da lo que se tiene, y si el fenómeno solo posee apariencia, nunca va a proporcionar sentido. Por mucho que se intente. Ya lo vio Kant con toda claridad. Una posible alternativa es entender el fenómeno de otro modo, como lo dado, lo que está ahí, lo que aparece en el sentido de que se muestra, que existe. Es la concepción heideggeriana y la que encontramos en la Encíclica *Fides et ratio*, cuando nos propone «realizar el paso, tan necesario como urgente, del fenómeno al fundamento»[2]. Si en el fenómeno está todo, entonces también podremos encontrar el fundamento. Pero, si este es el caso, entonces, *probablemente, es mejor llamarle experiencia*. Quizás se trate solo de una precisión terminológica, de palabras, pero estas cuestiones pueden ser importantes. El sentido habitual de fenómeno, en la tradición filosófica occidental, después de la ola empirista y fenomenológica, remite a lo *dado a los sentidos. Nada más.* Es, por tanto, mera

---

[2] Cfr. JUAN PABLO II, Enc. *Fides et ratio*, n. 83.

apariencia: brillos, luces, centelleos, impulsos, sensaciones. De aquí, evidentemente, no es posible extraer ningún tipo de sentido o fundamentación. La esencia de las cosas queda muy lejos. Esta es la interpretación común del término "fenómeno" en el lenguaje filosófico y, por eso, entiendo que —a pesar de las buenas intenciones de Heidegger— es mejor obviarla para evitar confusiones. Para que, inadvertidamente, no acabemos aceptando las tesis de Hume y asumiendo que lo que recibimos del exterior son solo apariencias fenoménicas, y que nuestro trabajo es buscar el fundamento, el noúmeno *detrás* de lo que aparece. Porque en esto Hume sí tenía razón: *no hay ningún detrás*.

La experiencia integral, sin embargo, *puede afrontar esta grave dificultad porque posee una dimensión intelectual. La experiencia es primera y primaria, pero no simple*: es la Fuente Originaria donde se encuentra *todo*. Otra cosa es que sepamos advertirlo. El sentido no está *detrás* de la experiencia. Está *en* la experiencia. Y justamente por eso se pueden elaborar unidades de significado que posibilitan la fijación de un sentido último y absoluto, con las limitaciones, por supuesto, de todo lo humano. Los árboles que advertimos en nuestro paseo o "el hombre actuando" no son meros centelleos empíricos, brillos que revolotean. Son entidades y cosas que comprendo como tales entidades y cosas, en la medida de mis capacidades, pero con radicalidad, como un dato que, en lo esencial, no va a ser modificado y, por lo tanto, es último.

Los árboles contemplados serán *siempre* árboles; no se desvanecerán en el viento, ni echarán a andar, excepto en *El señor de los anillos*. Porque son árboles, y yo he logrado *entenderlo*. No me he limitado a captar formas vagas y cambiantes. He entendido. He alcanzado la cosa en sí y la he fijado a través de la inducción. Y lo mismo vale,

116

aunque de modo más enigmático por su complejidad, para la acción humana. Aquí acecha —y se requiere— la interpretación. Pero la acción humana, de mucha más difícil intelección, tampoco se disolverá en el aire, ni se esfumará en un estallido de fuegos artificiales que, después de asombrarnos, apenas deje un rastro de humo. Porque el hombre y su acción, o, mejor, el hombre actuando, está ahí, como un dato indiscutible de la experiencia que he *comprendido*, que he captado, aunque solo someramente, superficialmente, y no me baste toda la vida para agotar su riqueza.

HASTA EL INFINITO... Y MÁS ALLÁ.
REFLEXIONES METAFÍSICAS

Parece pues que un fundamento, o, al menos, un principio de fundamento, puede ser proporcionado por la experiencia integral y, en concreto, por las unidades de significado que, fijando el carácter mutable de la experiencia, configuran núcleos significativos estables. Pero, ¿cuál es el valor de esta adquisición? Y, sobre todo, *¿hasta dónde nos permite llegar?* Porque cabría admitir que las unidades de sentido dan algo, pero, quizás, no mucho, sobre todo si las comparamos con las potentes teorías metafísicas con capacidad global de explicación de *toda* la realidad. ¿Es posible ascender desde la experiencia integral a teorías de esta magnitud o deberemos contentarnos con explicaciones mucho más limitadas? Una pregunta que corre paralela a otra: ¿qué captan realmente las unidades de significado? ¿Cuál es su poder de penetración en lo real? ¿Van a permitir acceder realmente a un conocimiento metafísico, imprescindible, según parece, para salir de una vez por todas del Laberinto?

Son cuestiones complejas y entrelazadas por lo que mucho, inevitablemente, deberá quedar en el tintero, pero intentaremos apuntar lo más esencial. Ante todo, creo que es importante esclarecer las ambigüedades que se celan en la expresión "metafísica", que, como cualquier importante noción filosófica, tiene múltiples —más bien excesivos— sentidos. De hecho, Ferrater Mora, después analizar este término en su conocido diccionario, llega a la conclusión de que «en vista de la variedad de opiniones sobre la metafísica, es casi obvio que no hay nada que pueda llamarse "la" metafísica. Hay modos de pensar filosóficos muy diversos que conllevan diversos tipos de metafísicas, a menudo incompatibles entre sí. Parece razonable entonces o abstenerse de discutir acerca de si es legítima o no "la" metafísica, o eliminar en lo posible esta palabra del vocabulario filosófico. Lo que se haga entonces filosóficamente será lo que importa, no si se llama o no "metafísica"».

No es nuestra intención derivar ninguna conclusión relativista o escéptica de esta afirmación, ni tampoco aprovechar la oportunidad para lanzar alguna crítica cáustica a las oscuridades metafísicas. Solo pretendemos poner en guardia al lector no filósofo (pues el "profesional" es dolorosamente consciente de este problema) que tenga planteamientos excesivamente ingenuos. Es necesario hablar de metafísica, y es lo que vamos a hacer a continuación, pero hay que saber —o precisar— de *qué* se está hablando, pues no es para nada obvio.

A nosotros nos interesan, fundamentalmente, *dos sentidos*, ambos recogidos, en la encíclica *Fides et Ratio*. Recordemos que este documento advertía de la necesidad de «una filosofía de alcance *auténticamente metafísico*, capaz de trascender los datos empíricos para llegar, en su búsqueda de la verdad, a algo absoluto, último y fundamental. Esta es una exigencia implícita tanto en el conocimiento de tipo sapiencial como en el de tipo analítico; concretamente, es una exigencia propia del conocimiento del bien moral cuyo fundamento último es el sumo Bien, Dios mismo". Pero el texto continúa con este importante añadido. «No quiero hablar aquí –dice Juan Pablo II– de la metafísica como si fuera una escuela específica o una corriente histórica particular. Sólo deseo afirmar que la realidad y la verdad trascienden lo fáctico y lo empírico, y reivindicar la capacidad que el hombre tiene de conocer esta dimensión trascendente y metafísica de manera verdadera y cierta, aunque imperfecta y analógica»[3].

El primer sentido del término "metafísica" lo encontramos en la referencia al *carácter o actitud metafísica* que debe tener la filosofía, bellamente descrito como la capacidad de trascender los datos empíricos para llegar, en su búsqueda de la verdad, a algo absoluto, último y fundamental. En este sentido, toda filosofía, por su intrínseca pretensión de ultimidad debería ser metafísica, o poseer una actitud metafísica. Y esto, en parte, es cierto. Toda filosofía tiene una cierta pretensión de ultimidad y, en este sentido, toda filosofía tiene o es una metafísica. De hecho, el mismo Kant advertía que «ha habido siempre alguna metafísica y la habrá siempre». Lo que sucede, es que los resultados de los análisis filosóficos son muy diversos, y las ultimidades (y, por tanto, las metafísicas) varían notablemente. Hume perforó la existencia para buscar la ultimidad, pero no la encontró. Por eso, causó tantos destrozos. La ultimidad no existía, esa fue su conclusión. Y, por tanto, tampoco el sentido. Pero Juan

---

[3] JUAN PABLO II, Enc. *Fides et ratio,* n. 83.

Pablo II entiende que ese sentido sí existe y, por lo tanto, la filosofía debe ser capaz de proporcionarlo ya que esa es su principal misión.

¿Tiene la experiencia integral *actitud metafísica*? Evidentemente sí. La vía de la experiencia integral busca comprender la realidad *con toda la radicalidad posible*, llegar a la esencia, al *quid* último de las cosas. Por eso afirma y reafirma el carácter intelectual de la experiencia y se preocupa de fijar las unidades de sentido. Sin estos dos elementos, la actitud metafísica, aunque existiera, estaría abocada al fracaso. Kant es un buen ejemplo. Aunque no suele ser excesivamente conocido, las *Críticas* no pretendían derrocar la metafísica (lo que para él significaba, fundamentalmente, la metafísica racionalista wolffiana), sino purificarla de todos los errores, artificios y enredos que se habían incrustado en ella, y convertirla en un saber respetable[4]. Kant se puso a la tarea, es decir, en busca de la ultimidad, pero como partía de una experiencia solo sensible, acabó considerando que el noúmeno era inalcanzable por la inteligencia, y fundando el saber posible en el sujeto humano. Esta es "la" metafísica kantiana; última de acuerdo con sus presupuestos, pero insuficiente para una perspectiva realista.

La presencia de la inteligencia en la experiencia integral cambia las reglas del juego porque puede captar *más* desde el principio. Ahora bien, ¿qué capta exactamente? O, con más precisión, ¿cuál es el *nivel de profundidad que alcanza*?

---

[4] «La crítica es más bien el arreglo previo necesario para el fomento de una bien fundada metafísica como ciencia, que ha de ser desarrollada por fuerza dogmáticamente, y según la exigencia estricta, sistemáticamente y, por tanto, conforme a escuela (no popularmente)» (I. KANT, *Crítica de la razón pura*, cit., p. 21).

¿Llega, en términos clásicos, a la esencia? Porque, de no ser así, habríamos corrido mucho, pero el esfuerzo habría sido en vano. Las imágenes distorsionadas generadas por los fragmentos del sentido nos habrían jugado una broma pesada; el oasis entrevisto, en realidad, sería un espejismo que nos adentraría en el Laberinto. Afortunadamente, no es este el caso: no estamos ante un Espejismo de la Significación porque *las unidades de sentido captan la esencia* —o el noúmeno en terminología kantiana— y permiten afrontar con radicalidad la cuestión del sentido: *¿Qué* es? *¿Quién* es? Y la experiencia lo puede hacer porque, insistimos, es una comprensión o experimentación *inteligente*. Las unidades de sentido surgen de la activación de *todas* las capacidades cognoscitivas de la persona y, por tanto, *todo* lo que la persona es capaz de conocer esta ahí. También la esencia. Y mejor así, porque si no, ¿dónde podríamos encontrarla?

Decíamos que en el texto de la *Fides et ratio* había dos significados del término metafísica. El segundo consiste en entenderla no como una actitud filosófica sino *como «una escuela específica o una corriente histórica particular»*. Y, como ya sabemos que hay muchas interpretaciones, muchas metafísicas, vamos a atender solo a una, que es la que nos interesa: *la metafísica del ser*, el modo tradicional de entender la metafísica en la tradición realista. Fijados estos parámetros, podemos preguntarnos: *¿Son compatibles la metafísica del ser y la experiencia integral?* ¿Es posible el acceso al ser desde la experiencia o deberían buscarse otras vías cognoscitivas? ¿Tiene la experiencia integral capacidad para fundamentar este tipo de metafísica? Son muchas preguntas, y muy complejas, pero, puesto que este parece ser el último obstáculo que nos separa de la salida del Laberinto, lanzaremos al menos una bengala que nos muestre si hay ruta de salida, aunque no dé tiempo a recorrerla.

La metafísica del ser ha ofrecido durante muchos siglos una comprensión global de lo existente y, de este modo, ha sido una Custodia del sentido. Por eso, los furibundos ataques lanzados contra ella desde muchos puntos del pensamiento moderno se han percibido, y no sin razón, como un ataque al sentido; como un intento de destrucción de cualquier *Weltanschaung* posible porque llevaría siempre implícita una concepción trascendente. Pero conviene ser cautelosos. Que hayan existidos ataques furibundos y malintencionados a la metafísica del ser, no significa necesariamente que *todos* lo hayan sido. No todos han pretendido golpear al Sentido en el rostro de la metafísica. Y tampoco significa necesariamente que en alguna de esas críticas no podamos encontrar algún atisbo de verdad. Dice el refrán popular que "cuando el río suena agua lleva". Y, dando por descontado que no es una verdad filosófica, quizá puede indicar que esas críticas, con mejores o peores modales, quizás apuntan a algún problema real.

De hecho, muchos siglos han pasado desde que esas formulaciones fueran realizadas, y el tiempo no pasa en vano, ni siquiera para la metafísica. El análisis que Maritain realizó sobre la cultura de la Edad Media puede, quizás, iluminarnos. Existe «una ley, advertía, que domina lo temporal como tal y que se refiere a la conjunción, si así puede llamarse, del Hombre y del Tiempo. Esta ley muestra que una experiencia *demasiado hecha* ya no puede ser recomenzada. Por el mero hecho de haber vivido el hombre —y vivido a fondo— cierta forma de vida (...) aquellas cosas están acabadas y es imposible volver a ellas». Y si, a pesar de todo, se intenta revivir esa experiencia, «el resultado es una forma desvaída y delicuescente que nunca tendrá la fuerza de las grandes construcciones originarias guiadas por un impulso creador inocente». A Maritain, además, le parecía inconcebible «que los sufrimientos y las experiencias de la Edad Moderna hayan sido inútiles. Esta edad ha buscado la rehabilitación de la criatura por malos caminos, pero debemos reconocer y salvar la verdad cautiva que en ella se esconde. Finalmente, si, como un cristiano no puede menos de pensar, Dios gobierna la historia (...) sería ir contra el mismo Dios —y luchar con el supremo gobierno de la historia— pretender inmovilizar en una forma del pasado, en una forma unívoca, el ideal de una cultura digna de dirigir a su fin nuestra acción»[5].

No es lo mismo la metafísica del ser que una cultura concreta, como la medieval, cabría responder. Efectivamente, es así. Si la metafísica del ser proporciona la explicación *última* de la realidad, y esta no cambia, tampoco la metafísica tendría por qué cambiar. Si la metafísica de Aristóteles o la de Tomás de Aquino explicó correctamente en algún momento la estructura última de lo real, no debería sorprender que lo siga haciendo. Más bien sorprendería lo contrario. Entendemos y respetamos esta posición *siempre que eso no implique la identificación automática de Sentido y Metafísica del Ser*. Julián Marías indicaba con intención que «la teología es sumamente importante pero es algo que hacen los teólogos»[6]. Y lo mismo podemos decir de la metafísica: es sumamente importante, pero es algo que hacen los metafísicos. Que, por supuesto, pueden equivocarse y, en cualquier caso, siempre serán hijos

---

[5] J. MARITAIN, *Humanismo integral. Problemas temporales y espirituales de una nueva cristiandad* (2.ª ed.), Palabra, Madrid 2001, pp. 181-182.
[6] J. MARÍAS, *La felicidad humana*, Alianza Editorial, Madrid 1984, p. 106.

de su tiempo. En conclusión, la metafísica del ser es una venerable teoría filosófica, pero como toda teoría filosófica puede y debe ser sometida a la Taladradora Crítica (con permiso del experto Hume).

Dicho esto, es decir, puestas las premisas que permiten distinguir entre la crítica o valoración de la metafísica del ser y el cuestionamiento del Sentido, ¿qué es posible decir de esta metafísica desde la perspectiva de la experiencia integral? Me voy a limitar a dos observaciones. Entiendo que la metafísica del ser, a través de la teoría de la participación, ha sido capaz de ofrecer una visión global de todo lo existente que sería fructífero mantener. Por ello, la gran aportación metafísica de Tomás de Aquino, la estructuración de *todo* lo existente en torno *a la dualidad de esencia y acto de ser* continúa siendo, a nuestro parecer, la mejor estructuración posible de lo real que, complementada con la doctrina de la participación, permite una visión conjunta e integrada de todo lo existente, además de abrir una vía hacia la trascendencia a través de la constatación de la contingencia.

Pero si atendemos a *la configuración concreta de esa participación*, a la estructuración específica de la pluralidad de los mundos del ser, la cosa cambia. Aristóteles y Tomas de Aquino consideraron que esa participación se realizaba a través de un conjunto de *categorías* (sustancia y accidentes, forma y materia, acto y potencia, causalidad material y formal, eficiente y final) presentes en *toda*, repetimos, en *toda* la realidad. Esto, ciertamente, nos parece insostenible. No solo a nosotros, evidentemente. El pensamiento personalista también ha sido muy crítico con esta visión contradiciendo su presupuesto básico, que las personas son radicalmente diferentes de los animales y de las cosas y, por lo tanto, *no pueden intentar explicarse a través de los mismos conceptos*.

Aquí, sin duda, hay un problema que la antropología contemporánea no ha podido dejar de constatar y que implica, para su resolución, *una reelaboración de las categorías metafísicas clásicas*. No se trata, desde luego, de un afán de distinción mal entendido o de un prurito de originalidad muy presente entre los de nuestra profesión, sino de la constatación de un problema real. Como indicó Crosby: «Si no hubiera en la sustancia aristotélica nada más que independencia en el ser, entonces habría poca controversia sobre la substancialidad de las personas; prácticamente todo el mundo afirmaría que las personas son substancias. La controversia surge porque la substancia aristotélica da la impresión de ser incurablemente 'cosmológica', hostil a la subjetividad personal»[7]. En otros términos: la antropología tiene que reflejar la subjetividad humana, y esto es realmente difícil si se construye sobre el concepto de substancia. En realidad, es imposible, y nadie lo ha conseguido. ¿Por qué? Porque, como insistió Marías entre otros, el concepto de sustancia ha sido construido para las cosas y no para las personas.

Es necesaria, por tanto, una reelaboración de la metafísica, en particular, de aquellas categorías que afectan a la antropología. ¿Cuál debe ser la entidad de esta reelaboración? No estamos en condiciones de dar una respuesta concluyente. Nos limitaremos a indicar, por un lado, que este proyecto ya ha sido abordado por diversos filósofos, lo que constata su necesidad. Seifert desde la fenomenología realista, lo ha plasmado en su densa obra *Ser y persona*. Zubiri ha realizado una síntesis original y propia y Leonardo Polo ha ejecutado un intento similar a través de su

---

[7] J. F. CROSBY, *The Selfhood of Human Person*, CUA Press. Washington 1996, p. 125.

propuesta de ampliación de los trascendentales. Esté tranquilo el lector, no vamos a analizarlos. Pero quizá no nos equivoquemos demasiado si advertimos en todos ellos una misma convicción: la prioridad en la determinación y configuración de las estructuras metafísicas no puede proceder del concepto de ente, abstracto por demás, y, por lo tanto, mínimamente pobre en contenidos (parece que Hegel, en esto, tenía parte de razón), sino *de la persona*, el ser más rico y perfecto que existe. Como decía Stefanini: «El ser es personal y todo lo que no es personal en el ser es el resultado de la productividad de la persona, como medio de manifestación de la persona y de comunicación entre las personas»[8].

En cualquier caso, sí hay algo perfectamente claro. *A estos análisis se deberá llegar a partir de la experiencia (integral)*. No hay otro camino. No hay un sendero escondido que conduzca a la profundidad de lo real por una vía diversa e ignota, como el camino oculto que Gollum mostró a Frodo para llegar a Mordor (y que, por cierto, contenía una sorpresa bastante desagradable). Tenemos una única vía de acceso a lo real, y en esa vía, sin duda, encontraremos también al *actus essendi*.

Por tanto, parafraseando al intrépido Buzz Lightyear: "Por la experiencia integral hasta el infinito… y más allá".

EN BUSCA DE LA INTEGRACIÓN: LA RED DEL SABER

¿Posibilita la experiencia integral la unidad del saber? Es nuestra última pregunta, compleja también, por lo que, nuevamente, toda cautela a la hora de responder es

---

[8] L. STEFANINI, *Personalismo sociale* (2.ª ed.), Studium, Roma 1979, p. 9.

poca. La unidad del saber es una aspiración muy común entre los pensadores humanistas, que se torna especialmente aguda en un periodo de fragmentación. Las noticias se atropellan unos a otras, nuevas ciencias aparecen y otras desaparecen, se revisan parámetros científicos que parecían consolidados y, ante el desprestigio del antiguo Custodio del orden, la metafísica, cada ciencia campa a sus anchas. Y, en este contexto, el modelo de las universidades medievales, donde todos los saberes trabajaban conjuntamente confluyendo en una visión unitaria parece recobrar todo su esplendor y atractivo: el ideal de una comunidad científica unida por el deseo del saber, por la sabiduría, no por una especialización desenfrenada regida por intereses espúreos.

Pero, como decíamos, hay que ser cautelosos. No estamos en la Edad Media. Recordemos la sabia advertencia de Maritain. El pasado no retorna y, aunque puede iluminar el presente, no puede ser revivido. Muchas cosas han cambiado desde entonces; en particular, *el saber se ha multiplicado de una manera absolutamente asombrosa y espectacular*. Del *Trivium* y del *Quadrivium* hemos pasado a una muchedumbre de ciencias, con numerosas ramas y sub-ramas prácticamente imposible de enumerar. ¿Cuántas materias con un alto nivel de sofisticación podemos encontrar en una universidad contemporánea relativamente grande? Y, en este marco, ¿es posible la unidad?

No olvidemos, por otra parte, la *interpretación*. Hablar de "unidad", sin más, puede dar la impresión de que el pensamiento humano puede llegar a una perspectiva unitaria acerca de lo real. ¿Es esto cierto? Lo es, en buena medida, en las *ciencias* que estudian las realidades materiales (física, química, biología) aunque también haya componentes subjetivos en estas ciencias. Pero cuando nos desplazamos hacia las ciencias humanas, las cosas cambian y este proyecto se convierte en una tarea inalcanzable. Nuestro conocimiento —lo hemos visto— incluye *inevitablemente* un porcentaje, mayor o menor, de interpretación. Incluso cuando operamos con datos, estos no se bastan por sí solos. Hay que darles un determinado peso, integrarlos en un contexto o en otro, descartarlos por irrelevantes o contar con ellos por su valía. Es decir, valorarlos, interpretarlos. Y si de los datos pasamos a los modelos, teorías o concepciones globales, la interpretación se dispara. Nunca existirá una sola filosofía. Ni tan siquiera una sola interpretación de una tradición filosófica, aunque se trate de la realista.

Por todo ello, la unidad del saber parece muy difícil de alcanzar. Es más, en realidad, tampoco existió en el Medioevo. De hecho, una de las grandes aportaciones a la historia de la filosofía de Gilson fue la de mostrar que en las universidades medievales no regía un modelo único de filosofía (el tomista), sino que el debate y la discusión entre corrientes alternativas estaba a la orden del día. Situación que se mantenía siglos más tarde cuando Cisneros, con espíritu abierto, diseñó los estudios de la Universidad de Alcalá de tal modo que cada estudiante pudiese elegir una de "las tres vías", la tomista, la escotista y la nominalista, que poseían igual rango.

Es cierto, de todos modos, que esas épocas históricas poseían algo de lo que nosotros hoy carecemos: una visión unitaria de la realidad proporcionada por el *cristianismo*. Por eso, aunque las disputas pudieran ser muy enconadas (como la famosa disputa *de gratia*), el Sentido no quedaba alterado. Estaba fuera de la discusión. Lo que no significaba que la disputa no se tomase en serio, como muestra la intensidad de los debates. Hoy, por el contrario, nos

128

encontramos perdidos en el Laberinto por lo que estas disputas pueden resultar o más angustiosas o más banales. Angustiosas, porque el Sentido podría depender del resultado de la discusión; banales, puesto que la inexistencia del Sentido los transforma en torneos lingüísticos en los que el pensador, al intentar abatir al adversario, se limita a mostrar su inteligencia o brillantez. Pero como la vida no es un juego ni la búsqueda de la verdad un torneo intelectual, la ordenación de los saberes resulta, quizá, más necesaria que nunca. ¿Es esto posible, nos preguntamos nuevamente?

Quizás sería preferible hablar de *integración* y no de unidad. La unidad de los saberes, como acabo de indicar, me parece difícilmente alcanzable. Y si se malinterpreta podría contener elementos negativos. Se puede correr el riesgo de un pensamiento excesivamente unificador que pretenda eliminar la interpretación. Y en este punto me parece que hay que escuchar a la posmodernidad. Debemos, sin duda, salir del Laberinto de la Fragmentación. Es lo que hemos intentado a lo largo de todo este recorrido. Pero no para acabar en el Yermo del Pensamiento Único. En este caso, el esfuerzo no habría valido la pena; es más, personalmente, quizá preferiría el Laberinto, donde, al menos, la diversión está asegurada. Tornando a la seriedad. La tensión hacia la unidad es completamente necesaria en nuestro contexto cultural y epistemológico; pero debe ser una tensión *consciente de la complejidad*; no un voluntarismo que intente alcanzar su objetivo mediante la supresión de los problemas. Porque entonces, nada sólido ni fructífero se habría logrado.

La complejidad nos obliga a caminar poco a poco. A comenzar no desde arriba sino desde abajo. A integrar saberes cercanos y próximos, detectando los puntos que los conectan, estudiando sus mutuas implicaciones. Y, para lograrlo, quizás cabría partir del esquema que he denominado *átomo de la red del saber* y muestra cómo dos ciencias pueden partir cada una de su propio sector de experiencia y, a la vez, estar relacionadas. Conectando varios átomos entre sí, formaríamos moléculas y, progresivamente, mallas de sentido que, idealmente, construirían la red del saber.

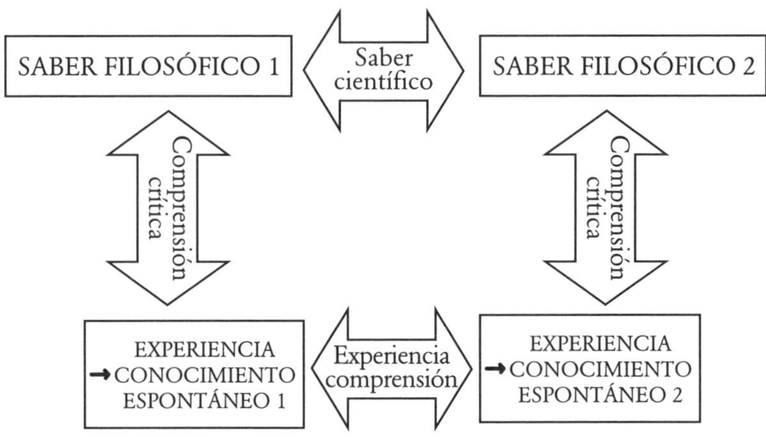

Pero debemos admitirlo: la red, en su globalidad, se nos ha vuelto inaccesible, su complejidad nos resulta inabarcable. Es un hecho, y también un misterio, como el conocimiento avanza ya que no podemos abrazar todo el conocimiento, ni siquiera todos juntos. Ni Isidoro ni Leonardo podrían vivir entre nosotros. Esta es la parte de razón, que, a nuestro juicio, tiene la posmodernidad. Nuestra sociedad tiene un porcentaje de fragmentación insuperable que, quizás, puede tener un lado positivo al abrir espacios para la libertad. Pero ese lado positivo palidece ante lo negativo porque la fragmentación se ha

130

multiplicado de tal manera que ha corroído las estructuras del Sentido, deconstruyéndolo y generando un Laberinto epistemológico que impide cualquier orientación. Un Laberinto donde podría esconderse el Minotauro, y que se está tornando peligroso, incluso cruel, pues cualquier acción y cualquier justificación es posible.

Por ello, en estas páginas hemos buscado una vía de salida. Y creemos haberla encontrado en el camino que parte de la Fuente Originaria.